LETTRES DE DEUX AMANS,

HABITANS DE LYON.

LETTRES DE DEUX AMANS,

HABITANS DE LYON;

Publiées par M. LÉONARD.

NOUVELLE ÉDITION.

TOME SECOND.

À LONDRES,

Et se trouve à PARIS,

Chez DESENNE, Libraire, au Palais Royal, passage de Richelieu.

M. DCC. LXXXIV.

LETTRES DE DEUX AMANS, HABITANS DE LYON.

LETTRE XLVI.

FALDONI au CURÉ.

REVENEZ donc, mon cher Mentor ! que faites-vous loin d'ici, loin d'un ami qui vous regrette & vous desire ? Qu'est devenu le temps où j'allois verser dans votre sein mes secrettes inquiétudes ? Vous étiez mon conſolateur, mon guide & mon appui : je n'avois pas une penſée dont vous ne fuſſiez le dépoſitaire : vous receviez mes larmes : vous me rendiez la joie & l'eſpérance. Hélas ! ils ne ſont plus ces jours de confiance & de paix où je voyois la ſageſſe, ſous les traits d'un vénérable Miniſtre, deſcendre juſqu'à nous, & ſe mêler à nos folâtres amuſemens ; où mon digne ami jouiſſoit de la félicité de deux amans, & partageoit les tendres émotions de leurs cœurs. O mon bienfaiteur ! vous avez emporté mes plaiſirs avec vous ! D'où vient cette triſteſſe qui m'accable, & de quoi donc ai-je à me plaindre ? On me comble ici de bontés & d'égards ; Mademoiselle de Saint-Cyran n'a point changé pour moi ; & cependant je laisse échapper des pleurs involontaires ! Depuis que Madame d'Armiane & sa fille sont arrivées, les deux amies ne se quittent plus. Il semble que Constance m'ait ravi une partie des sentimens de Thérese. Je porte envie à leur amitié, à leurs entretiens, à leurs moindres caresses. Cette paisible jouissance me paroît bien préférable aux transports tumultueux de l'amour ! Il est trop vrai que mon bonheur n'est plus le même : je vois s'approcher les jours de l'infortune : déja nous commençons à nous diperser. Il est affreux de se quitter quand on a formé la douce habitude de se voir : le cœur s'arrache avec douleur à la ſociété qu'il s'eſt choiſie : mais qu'y a-t-il de conſtant ſur la terre? Nous vivions dans une parfaite intelligence ; il faut la rompre ; & c'eſt ainſi que la nature nous diſpoſe à la derniere ſéparation. Le temps vole & chaſſe devant lui les amitiés humaines, comme le vent balaie la pouſſiere. On s'éloigne ; on ne ſe rapproche plus ; ou ſi l'on revient ſur les ſcenes paſſées, on eſt ſurpris de n'être plus ému ſi vivement : le cœur n'a point changé ; mais les ſituations ne ſont plus les mêmes. Triſte variété qui détruit le charme d'une poſſeſſion durable & tranquille !

Je conſerverai toute ma vie le

ſouvenir d'un ami que j'avois acquis dans mon enfance. Il étoit aſſez rare de voir un homme grave & mûr accueillir un poliçon, l'aſſocier à ſes promenades, & le produire dans ſes connoiſſances. J'arrivois chez lui, chargé de la pouſſiere de ma claſſe, avec toute l'étourderie de quatorze ans ; je feuilletois ſes livres & ſes eſtampes ; je les emportois ; quelquefois je lui crayonnois de mauvais deſſins qu'il faiſoit encadrer ſoigneuſement. Je me rappelle avec plaiſir ces ſoirées d'hiver où, aſſis au coin de ſon feu, près de ſon vénérable pere, image des antiques patriarches, âgé de plus de quatre-vingt ans, nous faiſions des lectures intéreſſantes. La gouvernante, debout derriere nos chaises, écoutoit & joignoit ses réflexions aux nôtres. Son logement étoit resserré comme sa fortune, & le plus souvent nous passions ces soirées charmantes dans une petite piece qui lui servoit de cuisine. Là, tandis que le souper frugal se préparoit, nous poursuivions nos entretiens graves ou plaisans; le bon vieillard nous racontoit longuement les histoires de sa jeunesse, & les pieds étendus sur les tisons, nous nous amusions à l'entendre. Je n'ai jamais goûté d'heures plus agréables; j'étois tout fier d'occuper une place dans la société, & de converser avec des hommes, moi qui ne vivois encore qu'avec des enfans: l'inftant où j'accourois chez mon voisin, étoit une jouissance. Avec quelle vîtesse je montois ses dégrés ! Comme le cœur me battoit de joie, quand il m'ouvroit sa porte hospitaliere ! Dans les jours de fête ou de congé, j'arrivois de bonne heure ; il prenoit son bâton, appelloit son chien, & nous allions dans les campagnes d'alentour. Souvent même pendant la froide saison & dans une belle gelée de Janvier, nous répétions ces promenades qui me sembloient délicieuses. Bientôt mes études finirent ; je partis pour mes voyages, & je perdis de vue cet honnête homme : à mon retour dans ma patrie, je m'empressai de le chercher ; mais, hélas ! quel ravage les années font autour de nous! Il avoit quitté ſon ancien logement, ce lieu qui m'étoit ſi cher! Son vieux pere étoit mort: ſa gouvernante ſeule lui reſtoit. Je le trouvai: mais ce n'étoit plus lui: des revers de fortune avoient renverſé ſon cerveau; il végétoit dans un état d'enfance: je détournai les yeux pour lui cacher mes larmes. Pauvre eſpece humaine dont un coup de vent détruit la raiſon! Ayez donc de l'orgueil! Oſez-vous prévaloir des avantages de l'eſprit, vous qu'une roue dérangée dans cette frêle machine peut réduire à l'inſtinct des brutes! Mon ami n'a pas ſurvêcu longtemps à l'altération de ſes organes; il avoit déjà fini ſa carriere,

& la mort n'a fait que saisir le reste de sa proie. Avant sa disgrace, il n'y avoit point d'homme plus heureux. Tout l'amusoit ; il étoit content de tout, & il avoit l'art d'attacher un prix aux moindres choses.

Pardonnez-moi ces longs détails : qui plus que vous, Monsieur, est fait pour les apprécier ? En les écrivant, mon cœur se soulage, & je goûte une sorte de plaisir à payer ce tribut de reconnoissance à l'amitié, devant un ami qui m'a si bien consolé de ma perte.

LETTRE XLVII.

Au même.

NOUS avions invité Madame d'Armiane, sa fille & quelques étrangers à faire une promenade dans le parc. En entrant dans l'orangerie, nos deux hôtesses ont été frappées d'une surprise agréable, à la vue d'un pavillon de verdure orné de festons qui sembloient pendre naturellement sur toutes les branches. Des bancs de gazons semés de roses, d'œillets, de tubéreuses, bordoient l'intérieur du pavillon & entouroient une table couverte de crême, de patisseries & des meilleurs fruits de la saison. Nous nous sommes placés confusément autour de la table, au bruit d'un ruisseau qui couloit à nos pieds & d'un chœur d'oiseaux qui gasouilloient sous les ombrages. Madame d'Armiane & sa fille à qui l'on faisoit les honneurs de la fête en étoient enchantées. Tandis qu'on buvoit à leur bien-venue, un concert est parti des bosquets d'alentour : le son des instrumens accompagnoit des voix légeres & fléxibles, & a fait naitre l'envie d'aller entendre cette musique de plus près : l'assemblée est accourue dans une grande salle formée par des arcades de feuillages & bordée d'un amphitéatre de verdure qui servoit de siege à tout un peuple attiré des villages voiſins, dont la foule a paru d'autant plus merveilleuſe, que la tranquillité de ces bois leur donnoit un air de ſolitude. Différentes ſcènes étoient repréſentées ſous les arcades : des enfans y jouoient des paſtorales avec toute l'ingénuité de leur âge : ailleurs des groupes de jeunes garçons & de jeunes filles, au milieu deſquels étoient de bons vieillards & de vénérables matrônes, imitoient leurs veillées villageoiſes. Tous les acteurs ſe ſont levés & formant deux bandes ils ont commencé à danſer, auſſi-tôt que l'orcheſtre en a donné le ſignal. Une jeune fille vêtue de blanc & d'une beauté touchante a paru au milieu du cercle, amenée par un jeune homme de la figure la plus heureuſe : ils avoient à la main des bouquets qu'ils ont préſentés à Madame d'Armiane & à ſa fille : l'aimable couple venoit ce jour même d'être uni par l'himen, & c'étoit Mademoiſelle de Saint-Cyran qui, de ſes épargnes & de quelques générosités faites par ſa mere, avoit doté la jeune épouſe : elle avoit fixé l'époque de leur union à l'arrivée de ſa couſine : elle vouloit, diſoit-elle, jouir à là fois de tous ſes plaiſirs & conſacrer ce beau jour à faire des heureux. Les jeux finis, nous avons paſſé dans une allée de grands arbres où ſe trouvoit préparé un repas ſomptueux : les femmes ſe ſont rangées à table; les hommes de bout derriere elles, les ſervoient & en étoient ſervis. C'étoit un tableau charmant de voir cette longue file de jeunes payſanes toutes vêtues uniformement & les villageois avec les rubans qui flottoient à leurs chapeaux. L'expreſſion de la joie qui brilloit ſur tous les viſages, le rire éclatant, les bons mots, les contes plaiſans, les chanſons, l'heureuſe & franche liberté, tout cela ne peut ſe rendre. L'image de leur bonheur ſe communiquoit juſqu'à moi, & faiſoit couler dans mes veines des torrens de plaiſir. Thérese & Conſtance occupées à faire les honneurs de la fête n'avoient point de repos. Mille voix portoient leurs noms jusqu'au ciel, & la bénédiction des convives se mêloit au bruit de leurs couplets rustiques. Le repas a duré jusqu'au soir : alors un feu d'artifice est parti du milieu du canal. La façade du château, toutes les allées du parc, & tous les parterres ont paru illuminés. Les portiques de lumiere qui brilloient au-dessus des berceaux en fleurs, les gerbes qui retomboient en millions d'étoiles & qui nous couvroient tout-à-coup d'une clarté éblouissante, l'illusion d'une nuit charmante, le son des instrumens, les chants & les voix confuses de l'assemblée se réunissoient pour former le plus beau des spectacles. Je vais me reposer, car pour vous avouer mon ſecret, j'ai été chargé de diriger la fête, d'inſtruire les enfans, de leur apprendre leurs rôles, de diſpoſer les décorations & de veiller au bon ordre. Depuis quinze jours, je n'étois occupé que de ces préparatifs, & la crainte d'échouer m'a fait paſſer ſouvent de mauvaiſes nuits. Celle-ci ſera tranquille, je l'eſpere, & je vais dormir ſur mes lauriers, s'il eſt vrai que le ſommeil puiſſe approcher de moi. O mon ami ! comment l'oublier un inſtant ! Comment ceſſer de voir cette figure angélique environnée de tous ceux dont elle fait le bonheur, & partageant leur joie? Quel triomphe, & qu'il étoit digne de ſon cœur ! Jamais je n'entendis d'éloge plus touchant que celui de tous ces payſans qui la chériſſent. Oui, Monſieur, j'en ai vu ſe mettre à genoux devant elle, d'autres baiſer ſa robe & s'en aller contens, d'autres paroître tout fiers d'en avoir obtenu un ſourire ! Ce n'eſt pas être aimée ; c'eſt uſurper les droits de la divinité qu'on adore. Je conduiſois cette nuit les deux couſines dans le parc au milieu de cette foule joyeuſe : nous avons marché quelques momens dans un boſquet écarté, d'où le bruit ne ſe faiſoit entendre que dans l'éloignement : Thérefe tenoit la main de ſa couſine & ſoupiroit : ſon mouchoir eſt tombé ; en le relevant, je l'ai ſenti baigné de pleurs. Ah ! lui ai-je dit, je vois qu'il eſt plus aiſé de faire le bonheur des autres que le ſien ! Mon ami, m'a-t-elle répondu, cette journée eſt trop belle ; je ne dois plus m'attendre qu'à des diſgraces. Pour chaſſer ſa triſteſſe, Conſtance nous a ramenés dans le cercle où la joie, le tumulte & le mouvement nous ont diſtraits. On a danſé juſqu'au point du jour : alors Thérese a pris le bras de ſa couſine & le mien ; nous avons été nous aſſeoir ſur un tertre élevé qui eſt au milieu du parc. On voyoit de là les premieres couleurs de l'aurore ; l'étoile de Vénus brilloit de tout ſon éclat ; des nuages de pourpre & d'argent étoient répandus ſur toute la ſurface de l'horiſon : la nature, autour de nous, repoſoit dans un calme parfait : on entendoit à peine le bruit des violons dans le lointain. Thérèſe a levé ſes yeux humides vers le ciel, & les a baiſſés ſur moi avec une tendreſſe inexprimable. Une douce mélancolie nous pénétroit. Nos réflexions ſont devenues ſérieuſes. Thérèſe m'a rappellé les premiers temps de nos amours, ces temps ſi doux & ſi promptement écoulés : nous étions heureux, a-t-elle ajouté ; mais le ſerons-nous toujours ? le ſerons-nous long-temps ? tout paſſe & le bonheur ſur-tout. Nos cœurs même, nos cœurs ne ſont-ils pas ſujets aux révolutions de la nature ? J'ai trop appris à connoître l'inſtabilité des événemens pour compter ſur un plaiſir durable ; & voyant que je pleurois, pourquoi vous affliger, mon ami ? il faut s'attendre aux revers. Les jours de la félicité ſont peut-être finis pour nous ; ne nous abuſons pas ſur notre état ; il eſt dans la main de la Providence qui peut le rendre à jamais fortuné : mais vous voyez combien de périls nous environnent ; béniſſons le ciel ſi nous obtenons encore quelques beaux jours ; pour moi je n'en eſpere plus. Je crois donc que la ſageſſe humaine doit ſe borner, non pas à prévenir des maux que nous redoutons ſans pouvoir les éviter, mais à goûter paiſiblement les biens actuels qui nous ſont accordés. Aimons-nous, mon cher Faldoni, avec autant d'excès que ſi nous devions nous ſéparer demain ; nous ſéparer ! non, c'eſt mal dire, mais quitter la vie : car je me flatte, a-t-elle repris avec un ton qui me perçoit l'ame & en me tendant la main, je me flatte que cet engagement eſt l'affaire de notre vie. Je couvrois cette main de baiſers & de larmes ; elle s'eſt levée & détachant le bouquet qu'elle avoit à ſon ſein, conſacrons, a-t-elle dit, ce lieu où j'ai joui peut-être de mes derniers plaiſirs. A ces mots, elle a placé ſes fleurs ſur le gaſon où elle s'étoit aſſiſe. Lieu charmant ! je ne m'en approcherai qu'avec vénération.

Son bouquet ſe fannera ; mais nos cœurs, ah ! j'en jurerois ! nos cœurs ſeront toujours les mêmes.

LETTRE XLVIII.

Thérese à Faldoni.

Le ſoir eſt calme & ſerein : on n'entend dans le vallon que le murmure éloigné d'une caſcade. Où êtes-vous, mon philoſophe ! les ſentiers ſecrets de la montagne ſont abandonnés, & les bois agitent vainement leurs cimes touffues. Voici l'heure de nos promenades, & vous ne venez pas ! Les deux couſines ſe plaignent d'être ſeules, & Conſtance qui dicte à ſon amie ces phraſes poétiques de ſa lettre ne vous pardonne point votre abſence. Nous ſommes ſous l'arbre & dans la prairie où nous avons coutume de vous attendre. Le nom de Faldoni frappe l'écho des rochers & revient triftement. Chaque pas qui fe fait entendre fur la route me donne une fubite émotion ; je crois toujours vous voir : mais mon efpérance eft déçue & mes foupirs font emportés par les vents avec la pouffiere qui s'éleve fous les pieds des voyageurs.

Nous avons déja dit ving fois : pourquoi ne vient-il pas ? & nos yeux demeurent fixés fur la plaine. Eft-ce lui que je vois dans le chemin qui borde la forêt ? Non, dit Conftance ; c'eft un villageois occupé de fes travaux. — Mais que fait-il donc ? — Il va venir. Il doit venir. Il viendra furement.

Voilà

Voilà tous nos entretiens. Arrivez, mon bon ami ! Venez calmer nos inquiétudes. S'il y a des termes plus doux, plus touchans que ceux de l'amitié, je les emploierai pour hâter votre retour. J'ai reçu ce matin des roses d'une pauvre femme à qui j'avois rendu quelques services. C'étoit un tribut de reconnoissance digne de vous être offert : j'en avois fait pour vous une guirlande. Mais hélas ! mon espérance & mes roses se sont flétries !

P. S. Ma cousine est une curieuse ; elle se souvient que vous lui avez parlé quelquefois d'une relation de vos voyages ; elle brûle de l'entendre & me charge de vous l'écrire. Arrangez-vous pour la ſatisfaire : mais je vous préviens que je n'ai point de part à ſa priere & que je n'aurois jamais oſé la riſquer pour mon compte.

LETTRE XLIX.

Faldoni à Thérese.

Malgré l'impatience où j'étois d'aller jouir aux Ormes des plaiſirs de ma ſoirée, je n'ai pu refuſer à des malheureux qui imploroient mon ſecours un temps qui m'étoit bien cher. Je pars, charmante amie, au moment où je reçois votre meſſager, & j'emporte mes mémoires. Je crains bien qu'ils n'altérent l'opinion généreuſe que vous avez conçue de moi. L'hiſtoire de ma jeuneſſe eſt celle de mes erreurs : mais vous ſecondez le projet que j'avois depuis long-temps de me dévoiler à vos yeux : il eſt juſte en effet, qu'avant d'unir votre deſtinée à la mienne, vous me connoiſſiez tout entier, & je prends le ciel à témoin qu'il n'y a pas un moment de ma vie dont je vouluſſe vous faire un myſtere.

MEMOIRES

DE FALDONI.

Je suis né à Livourne. Mon pere occupoit une des premieres places de l'État, & ses richesses égaloient son crédit ; mais de malheureuses entreprises risquées dans le commerce & des disgraces multipliées le forcerent d'abandonner ses emplois : il n'avoit sauvé des débris de sa fortune qu'une petite terre où il se retira. Je l'avois peu vu depuis mon enfance : élevé dans des écoles publiques, je m'accoutumois à me regarder comme un citoyen du monde, & quand je rentrai dans la maiſon paternelle, j'y vécus en étranger. Je vis bientôt que dans ma terre natale je n'avois rien à prétendre : né avec un cœur ſuperbe, amoureux de l'indépendance, ennemi des baſſeſſes, que pouvois-je faire ? Je me ſentois oppreſſé : l'humeur me bourreloit. Je préférai la miſere & l'éloignement : je quittai mon pere & ma patrie, & je leur payai le tribut de quelques larmes. Je me trouvois perdu dans une autre contrée, ſans amis, ſans parens, ſans fortune & ſans état. J'y traînai longtemps une vie obſcure, pourſuivi par le ſort, déja tourmenté par les paſſions naiſſantes, heureux cependant & ſatisfait de moi-même. Mon cœur n'avoit pas encore abandonné la vertu, & je respectois cette voix secrette qu'on n'étouffe jamais impunément : un moment d'erreur vint troubler mon repos & me laissa des remords que le temps n'a pu calmer.

J'avois été passer quelques jours à la campagne, dans une terre à dix lieues de Paris. La famille de mon hôte étoit composée d'un pere & de ses deux filles : l'aînée douce, aimable, intéressante, rachetoit par ses graces ce qui lui manquoit dans les agrémens de la figure. Je n'avois jamais connu l'amour, & malheureusement elle ne m'apprit point à le connoître ; mais elle fit naître en moi cette émotion qu'on ne peut refuser à la jeunesse parée de tant de charmes. Pour elle, son cœur dont le moment peut-être étoit venu, se livra sans défense à mes premieres avances. Je trouvois dans cette maison une vie tranquille & réglée, des vertus domestiques, l'hospitalité, la bienfaisance & une bonne foi qui ne soupçonnoit pas même un abus de confiance. On passoit trois saisons à la campagne, & on retournoit dépenser à Paris, pendant l'hiver, un modique revenu qui suffisoit pour y maintenir la famille avec décence, & y traiter quelques amis dont le nombre étoit borné. Les jeunes personnes renfermées dans un cercle étroit ignoroient l'usage du monde &

l'art perfide des sociétés : leurs ames franches étoient telles que Dieu les avoit faites, & elles n'avoient ni ôté ni ajouté à leurs facultés originelles. J'avois eu l'occasion d'obliger leur pere; il me pressa avec la chaleur de la reconnoissance de l'aller voir à sa terre : après plusieurs excuses, je me rendis à ses instances. Malheureux vieillard qui me sollicitoit, sans le savoir, d'aller porter chez lui le trouble & le déshonneur! Le soir, après le souper, quand nous étions encore rangés autour de la table, on me faisoit raconter souvent l'histoire de mes voyages, & pendant ce récit, Louise témoignoit le plus tendre intérêt qu'elle manifestoit par ses larmes.

Quand je peignois les ſituations d'une vie agitée, les horreurs de l'infortune où j'avois langui, les dégoûts qu'il m'avoit fallu dévorer auprès de l'altiere opulence & de la grandeur faſtueuſe, cette ſucceſſion rapide d'états divers que j'embraſſois & fuyois ſitôt que j'y ſentois le poids de mes entraves; quand je me repréſentois luttant comme un forçat avec la deſtinée, portant avec moi cet amour de la liberté qui me faiſoit rejetter toute idée d'aſſujettiſſement, malheureux par mon ſort, plus malheureux par mon eſprit d'indépendance, qui ne m'offroit dans l'avenir qu'une perſpective déſolante; alors avec une agitation marquée, Louiſe écoutoit, les yeux fixés ſur moi, croyant ſentir mes peines, ſoupirant, & quelquefois m'interrompant par des exclamations généreuſes. Elle aimoit mon courage; cette hauteur dans la miſere ne lui déplaiſoit pas; elle eſtimoit la fierté avec laquelle j'avois quitté ma patrie, & elle me diſoit avec douceur que je la retrouverois en France. Je paſſois les jours entiers avec elle & ſa ſœur; l'habitude d'être enſemble reſſerroit de plus en plus les nœuds d'une amitié naiſſante : j'étois ſans projet d'aimer & de ſéduire, & c'eſt un aveu dû à mon cœur que je repouſſai ſouvent la cruelle idée de troubler la paix de ces timides colombes. Le pere me livroit ſes filles avec une confiance hélas ! cruellement déçue. Mais l'honnête homme peut-il voir dans autrui le vice qu'il ignore ? Un matin, j'allai me promener avec les deux ſœurs dans les campagnes voiſines ; le tableau du ſoleil levant, le chant de mille oiſeaux, la molleſſe & la fraîcheur de l'air, & je ne ſais quelle volupté répandue ſur toute la nature, diſpoſoient le cœur à s'attendrir. Je m'enfonçai dans l'épaiſſeur des bois avec Louiſe ; ſa ſœur occupée à cueillir des fraiſes, nous perdit ; elle nous appella long-temps ; nous revînmes enfin ; mais nous reparûmes comme deux coupables, avec la rougeur ſur le front, & j'avois de plus le remord dans l'ame. Louiſe que j'avois vue ſi gaie, ſi folâtre, ſi tendrement naïve, ne fut plus la même. Un morne ſilence enveloppoit ſes penſées; la triſteſſe voiloit ſon viſage; elle me fixoit ſouvent d'un air doux & pénétré, & baiſſoit ſes humides regards dès qu'elle rencontroit les miens. Quand je lui parlois elle rougiſſoit; quand je m'éloignois elle pleuroit; quand je touchois ſa main elle trembloit comme ſi elle eût eu le friſſon; un jour elle me diſoit : vous m'avez rendue bien miſérable! vous êtes cauſe que je n'oſe plus lever les yeux. Une autre fois je la trouvai aſſiſe à terre, au pied d'une chaiſe, la tête cachée dans ſes mains, & pouſſant des ſanglots ; je la conjurai de ſe calmer ; je lui repréſentai qu'il ne falloit pas ajouter à notre malheur celui de le faire connoître. Hélas ! dit-elle, ſi vous pouviez m'apprendre à l'oublier ! ces diſcours m'étoient d'autant plus ſenſibles, que je n'avois aucun moyen de me juſtifier. Toute l'horreur de mon crime ſe préſentoit à moi ; je croyois entendre ſon pere infortuné me dire avec des ruiſſeaux de larmes : homme ingrat ! qu'as-tu fait? je t'ai donné l'hoſpitalité ; je t'ai reçu dans ma maiſon ; je t'ai traité comme mon fils ; j'ai laiſſé à ta diſcrétion le tréſor de ma vie, la tendre image d'une épouſe qui n'eſt plus, les ſeuls fruits de mon hymen : je t'ai confié deux innocentes créatures qui n'avoient pas même apperçu de loin l'ombre du vice. Tu as dit dans ton ame : corrompons ces cœurs ſimples qui ſe livrent à moi foi : affligeons cet honnête vieillard dans la plus chere partie de lui-même, & qu'il pleure éternellement ſes bienfaits. A la fin, fatigué de mes regrets, je partis de cette maiſon où je laiſſois après moi l'horreur, le déſeſpoir, la honte & le répentir. Arrivé à Paris, je me jettai dans le tourbillon ; je m'évitai moi-même ; je cherchai des diſtractions : au bout de quelques mois, je parvins, ſinon à perdre l'idée de Louiſe, au moins à l'affoiblir, & je ne vis plus que dans l'éloignement ce fantôme qui m'obſédoit. L'hiver ramena dans la ville ma victime & ſa famille ; un billet que je reçus du pere toujours tranquille & confiant, m'avertit de les aller revoir ; je me préſentai chez eux ; le vieillard étoit abſent : Louiſe ne me reprocha point la maniere dont je l'avois quittée, les ſix mois que j'avois paſſés ſans donner chez elle un ſigne de vie, & l'oubli où je ſemblois l'avoir laiſſée : ſa bouche ne s'ouvrit que pour me rendre des actions de grace de ma viſite, & de l'intérêt que je témoignois pour elle. Je la trouvai prodigieuſement changée ; ſon état de maigreur & de conſomption me frappa ; je lui demandai ſi elle avoit été malade : non, me dit-elle avec un ſourire amer ; mais j'ai eu des peines : ce peu de mots me perça le cœur ; j'étois tenté de me jetter à ſes pieds, ſi la préſence de ſa ſœur ne m'eût retenu. Charmante fille ! ne pas même ſe permettre la moindre plainte ! toujours une égale tendreſſe & ſi peu de retour ! Elle vit mon émotion, & elle y fut ſenſible ; ſa main que je tenois ſerra doucement la mienne, & elle ſoupira : le tribut d'eſtime que je lui payois étoit trop foible pour tant d'amour ; elle le ſentoit & ſon ame en étoit déchirée. Je la vis s'éteindre par degrés. Affligé du ſpectacle de ſes maux, & tourmenté du reproche intérieur de les avoir fait naître, je diminuai le nombre de mes viſites : inſenſiblement je ne parus chez elle qu'après de longs intervalles. Ce procédé cruel ne changea rien à ſon humeur ; je la trouvai toujours tendre, affectueuſe & prévenante : mais ſon dépériſſement s'accroiſſoit à vue d'œil ; elle paſſoit par toutes les gradations de la langueur, & voyoit la mort s'approcher pas à pas. Un jour qu'elle étoit ſeule, je lui témoignai la vive inquiétude où j'étois de ſa ſanté : je la conjurois de ſe conſerver pour ſes amis ; je mettois dans mon langage l'émotion dont j'étois plein,

& lui prenant la main avec une affection que je lui avois peu marquée jusqu'alors, je la pressois contre mes levres; elle la retira & me dit tristement : ah! Monsieur! vous me faites boire un calice bien amer! un tendre coloris se répandit sur ses joues pâles & éteintes; elle leva ses mains vers le ciel & d'une voix attendrie, mon Dieu, poursuivit-elle, donnez-moi la force de soutenir mes résolutions! Alors elle me fit asseoir à son côté, & me priant de ne pas l'interrompre, elle me dit avec un ton de douceur & de dignité que je ne puis vous rendre : il y a long-temps que je me propose de vous entretenir; vingt fois, les paroles sont venues sur ma bouche : une fauſſe honte, la crainte, ou je ne ſais quel autre ſentiment, m'a toujours retenue ; il faut enfin vous parler, & je conjure la ſuprême clémence de me protéger dans le cruel effort que je vais faire ſur moi-même. Vous vous êtes apperçu de l'impreſſion que fit ſur moi votre premier aſpect : elle n'étoit que trop viſible : j'avois toujours vécu dans l'intérieur de ma famille, & je connoiſſois trop peu le monde pour me défier d'un penchant qui ſembloit me promettre le bonheur : je m'y livrai ſans ſcrupule & avec toute l'ingénuité de mon âge. Quelques égards, quelques ſoins, des attentions particulieres que vous paroissiez m'accorder & que je pris pour un retour de tendresse, acheverent de m'égarer. Qu'une amante est aisément trompée ! Je vous voyois flatter mes goûts, me prévenir dans tous mes vœux, chercher constamment mes regards, vous placer auprès de moi à la table, au jeu, dans les promenades, me parler avec un air d'intérêt que vous n'aviez pour personne, me reprendre de mes fautes avec une douceur qui m'enchantoit ; je me croyois aimée & vous ne songiez point à me désabuser ! Quand vous osâtes descendre dans mon cœur pour en tirer le secret de ma foiblesse, je vous fis tous les aveux que vous désiriez avec une simplicité qui m'étonne aujourd'hui ; & vous ne me désabusiez point ! Enfin l'heure de mon infortune arriva : je ne m'arrêterai pas sur cette fatale époque de ma vie ; vous & moi, nous aurions trop à rougir, & je ne veux point vous reprocher une faute que j'ai partagée ; mais comment justifier votre conduite depuis ce temps ? Je sortois à peine de vos bras, & mes yeux étoient encore baignés des larmes du repentir, quand vous m'avez quittée ! Vous partiez, peut-être pour toujours, & je restois seule avec la honte & la douleur ! Vous n'avez point vu mes pleurs ; vous n'avez pas entendu mes cris ; vous étiez loin de moi, dissipé par le plaisir, &

peut-être occupé de nouvelles intrigues ; peut-être n'avez-vous pas ſongé une ſeule fois qu'au moment où votre cœur nageoit dans la joie, il étoit une famille obſcure, mais honnête & vertueuſe, qui vous devoit ſon opprobre, & une fille malheureuſe que vous aviez rendue coupable. Ces idées ſont affreuſes, & je crains de m'y livrer. Cependant, ſix mois s'écoulerent, & ſans un billet de mon pere que j'avoue lui avoir fait écrire, je préſume que nous ne vous aurions jamais revu : vous revîntes ; mais vous n'étiez plus le même : je vous trouvois diſtrait, taciturne, chargé d'ennuis ; vous pouviez voir mes craintes ; je ne les cachois pas, & vous m'y laiſſiez en proie avec la froideur d'un homme qui n'aime plus ou qui n'a jamais aimé. Avec quelle amertume je repaſſois ſur ces jours où je vous avois vu ſi empreſſé ! Quelle différence de vous à vous-même ! Vous me raviſſiez tout le charme de ma vie ! Celui que j'avois goûté dans la certitude de votre amour ne ſe retraçoit à mon eſprit que comme un ſonge agréable dont le réveil étoit horrible. Ma ſanté déja plus foible acheva de s'en altérer : je vis approcher mon dernier moment comme le terme de mes peines : alors je conçus le deſſein de rompre avec vous toute ſociété, & de m'abandonner ſans réſerve à cet être ſouverain

que

que j'avois trop long-temps oublié. Mais, vains projets d'un cœur trop tendre ! je vous voyois, & chaque jour, mes résolutions s'affoiblissoient : une seule de vos paroles me faisoit oublier toutes vos injustices, & me replongeoit dans mes incertitudes. Il a fallu pourtant me résoudre : si l'amour est pardonnable, c'est quand on est payé de retour ; mais il est inexcusable de s'obstiner à aimer qui ne nous aime point : d'ailleurs je n'ai plus long-temps à vivre : je dois bientôt aller rendre à mon Juge un compte rigoureux ; je n'ai pas trop pour m'y préparer du reste d'une vie éteinte : il faut renoncer à mes erreurs, & je vous ai prié de m'écouter pour recevoir mon éternel adieu : ce jour eſt le dernier où je vous verrai, & ces paroles les dernieres que vous entendrez de moi. Alors ſe levant avec majeſté, elle me laiſſa confus, humilié, courbant la tête & accablé comme un criminel à qui on vient de prononcer ſon arrêt. Une révolution ſubite ſe fit dans mon cœur : l'amour parut y entrer quand cette infortunée le chaſſoit du ſien. Un mot, lui disje en la ramenant ſur le ſiége qu'elle avoit quitté : je me condamne ; je reconnois mes torts ; tout ce que vous m'avez dit, je me l'étois dit à moi-même, & cent fois plus encore. J'avoue, en gémiſſant, que je ſuis coupable envers vous de la plus horrible ingratitude : mais n'eſt-il point d'eſpérance de pardon ? ne puis-je obtenir la grace de reparer toutes mes injuſtices ? Dites, Mademoiſelle ! qu'ordonnez-vous d'un criminel repentant qui ſe jette à vos pieds & qui vous conjure de lui rendre le bien qu'il a perdu ? Et en diſant ces mots, j'embraſſois ſes genoux. Des réparations, dit-elle ! il n'eſt plus temps d'y penſer ; de quoi ſerviroient-elles à une fille mourante ? Des réparations, a-t-elle ajouté avec chaleur ! en eſt-il qui puiſſent tenir lieu de l'amour que je vous prodiguois, & me conſoler des maux que vous m'avez faits ? Croyez-vous, pouvez-vous croire que je conſente aujourd'hui à recevoir un dédommagement de tant de peines ? Non, Monſieur ! la pitié ne peut payer l'amour, & je ſuis trop fiere pour ne devoir qu'à la reconnoiſſance, ou à quelque ſentiment plus humiliant encore, le retour que vous m'offrez. J'inſiſtai ; je la conjurai de m'accorder le nom de ſon époux. Il fut un temps, reprit-elle, où j'ambitionnois ce titre : mais vous voyez mon état ; ces nœuds ſeroient rompus preſqu'auſſi-tôt que formés : il faut y renoncer : la ſeule grace que je vous demande, c'eſt d'épargner d'autres victimes ! je vous en ſupplie par votre ame qui m'eſt encore chere : abandonnez ces honteuſes ſéductions qui ne laiſſent que des ſuites douloureuſes : ne corrompez jamais une ame ſimple & vertueuſe : quelle gloire en peut-on recueillir ? c'eſt un triomphe ſi facile ! Croyez-moi ! les loix envoyent à l'échafaud des malfaiteurs moins coupables qu'un odieux ſuborneur qui porte la mort au cœur de l'innocence. Ici finit cet entretien dont toutes les paroles ſont reſtées dans ma mémoire ; ce fut auſſi le dernier jour où je la vis ; je me préſentai pluſieurs fois à ſa porte, & ne fus jamais reçu : quelques mois après, on me dit qu'elle étoit morte. Le fantôme de cette fille infortunée ne me quittoit plus ; je portois dans le cœur un ver qui empoiſonnoit tous mes plaiſirs.

Je cherchai des secours auprès de nos sophistes : ils disoient que la moralité des actions n'est fondée que sur l'opinion ; que le bien & le mal sont de pures relations ; que ce qui est vertu chez un peuple, est vice chez un autre ; que la probité n'est que l'utile mis en pratique : ils ajoutoient que le bonheur consiste à jouir de tout, & la sagesse à bien user des jouissances ; que la pudeur est une vertu de préjugé ; que dans une infinité de pays la corruption des mœurs est autorisée par les loix & même consacrée par la religion.... Je rougis de poursuivre. O ! qu'un esprit qui veut s'égarer trouve de portes ouvertes à l'erreur ! Je recueillois tous les jours une multitude d'aſſertions qui venoient à l'appui de cette affreuſe doctrine. Enfin je parvins à établir dans mon eſprit, comme des vérités primitives, le néant de la vertu & la néceſſité des paſſions. Dès que j'eus bien fixé ma croyance ſur cette morale deſtructive, je m'affranchis de mes remords, & j'acquis dans le déſordre une ſorte de calme à-peu-près ſemblable à celui que l'opium procure aux convulſions du délire. Je ne me ſouvins plus alors que j'avois un pere infirme à qui je devois mes ſecours. Faſſe le ciel que je trouve dans ma vieilleſſe les ſoins & les conſolations que j'ai négligé de lui donner ! Mais ſi la juſtice ſouveraine me réserve le sort des fils ingrats, je dois m'attendre à un affreux abandon dans le déclin de ma vie. Cependant je l'aimois tendrement, & je suis persuadé qu'il l'ignoroit ; car je n'ai jamais songé à lui en donner des preuves. Combien de voluptés on se dérobe en renonçant à la vertu ! Au milieu de mes vains plaisirs, je n'étois pas heureux : je me rappellois quelquefois les premieres leçons de mon enfance ; en comparant mon état présent à celui dont j'avois joui, je regrettois mes principes ; je sentois qu'il n'est de bonheur constant & réel que dans un cœur en paix avec lui-même. Ce combat des passions avec la raison me jettoit dans une pénible anxiété ; il fallut en ſortir ; la main du ciel me frappa pour m'avertir de mon néant ; des revers accumulés me réveillerent comme d'un long ſommeil ; je reſtai ſeul & ſans ſecours ; forcé de traîner une miſérable vie en bute à tous les haſards, de m'accrocher comme un reptile à tous les êtres dont j'eſpérois un appui. Une noire miſantropie me dégoûta du monde ; je me ſauvai dans la ſolitude pour m'y nourrir de fiel & d'amertume : la retraite où je vivois ne me parut point aſſez profonde ; je réſolus de traverſer les mers & de chercher ſous un nouveau ciel des déſerts inhabités où je ne fuſſe connu que de moi ſeul.

En arrivant à Nantes, j'essuyai une maladie mortelle : dans une ville où je n'avois aucunes liaisons, je trouvai des soins hospitaliers dignes des premiers âges & des vertus qui me reconcilierent avec l'humanité. Un Négociant m'offrit sa bourse ; il m'avança généreusement tous les frais de mon voyage, & vint au-devant de mes besoins, sans que j'eusse auprès de lui d'autre titre que celui d'infortuné. Dès que je fus rétabli, je m'embarquai pour l'Amérique, & j'allai descendre dans une des Antilles : je m'étois attendu à trouver des déserts & des sauvages ; je vis un peuple doux, civil & bienfaisant, des cœurs droits, des mœurs pures, une terre féconde, enrichie par les ſoins du cultivateur. Je ne ſais quelle impreſſion me ſaiſit en arrivant dans ces belles contrées, image des campagnes tant célébrées par la poéſie paſtorale. Je me ſentois renaître; mes paſſions ſe calmoient; l'humeur mélancolique & ſombre que j'avois apportée d'Europe, étoit diſſipée par le baume & la douceur de l'air, par le tableau riant d'un printemps éternel & d'une nouvelle nature. Je viſitai pluſieurs habitations; je fus accueilli par-tout avec la même bonté : j'enviois le ſort de ces heureux Colons vivans ſans faſte au ſein de leur opulence. J'avois conſervé quelques livres, & je partageois mes heures entre la lecture & la promenade : je cultivois un coin de terre qu'un généreux Créole m'avoit abandonné, ainsi que la cabane qui me servoit d'asyle : je n'ai jamais coulé de jours plus tranquilles. Libre des soins du lendemain, je trouvois dans les fruits de mon petit domaine de quoi fournir abondamment à mes besoins. Mon bienfaiteur ne me laissoit manquer de rien; son attentive prévoyance alloit même au-devant de mes desirs : un esclave qu'il m'avoit donné me soulageoit de mes travaux : sans les souvenirs qui me tourmentoient, j'aurois été le plus heureux des hommes. J'étois content de finir mes jours dans cette solitude, &

revenu des illusions du monde, je n'ambitionnois plus d'autre félicité. On va chercher la fortune dans ces contrées ; j'y trouvois le repos & un ami que la fortune ne peut payer ; j'y jouissois du plus beau spectacle que l'homme puisse contempler : la nature n'est nulle part aussi majestueuse que dans ces climats voisins du soleil qui sont embellis de tout son éclat. C'est bien là qu'on voit se réaliser les fables de l'âge d'or & de l'antique Thessalie. J'avois toujours vécu dans une sorte d'apathie sur toutes les idées religieuses, & il m'étoit rarement arrivé d'élever mes regards vers l'Être suprême. Je me bornois à recueillir quelques lambeaux du ſyſtême de nos Sceptiques modernes, d'après leſquels je me figurois la Divinité comme un être paſſif, indifférent ſur les ſcènes de ce monde, ſans bonté, ſans malice, & l'univers comme une végétation animée, éternelle, exiſtant par ſon mouvement, & ſe conſervant par une ſucceſſion infinie d'altération, de changement & de reproduction. Un jour que je traverſois les hautes montagnes de l'iſle, je m'arrêtai comme en extaſe, au moment où le ſoleil venoit de ſe lever & jettoit ſur toute la nature un voile éclatant de lumiere. Une longue chaîne de rochers rangée autour de moi, recevoit & renvoyoit ſes rayons à travers l'eſpace, qui paroiſſoit comme ſillonné de mille couleurs brillantes : d'immenſes forêts élevées en amphitéatre formoient une draperie de verdure depuis la voûte du ciel juſqu'au fond des abîmes, & des fleuves roulans par caſcades alloient s'enſevelir ſous un ombrage éternel : la mer, à l'extrémité de l'horiſon, terminoit ce tableau magnifique. Saiſi d'enchantement & de ſurpriſe, je me proſternai ſur la terre, & j'adorai, pour la premiere fois peut-être, avec un reſpect religieux, le ſouverain Créateur de ces merveilles : alors apoſtrophant les bois, les fleuves, les rochers & les mers, je leur criois : ſi vous vous êtes faits vous-mêmes, animez-vous, &

parlez ! O ! quelle vaſte idée nous donne de ſon auteur cette profuſion de richeſſes ! Comment ſuppoſe-t-on que les élémens aient pu ſe combiner de maniere à produire d'eux-mêmes l'ordre étonnnant, le concours & l'harmonie de toutes les parties de cet univers ? Inſenſés raiſonneurs qui n'oſeroient attribuer aux chances du haſard, aux combinaiſons d'une matiere inanimée, le moindre ouvrage ſorti de la main des hommes, & qui oſent prêter à ces abſurdes agens les phénomenes de la création ! Je rentrai chez moi frappé de ce que j'avois vu, & dès ce moment je me livrai à des études réfléchies ſur ces objets ſublimes que je n'avois qu'effleurés dans le tumulte & la dissipation du monde. Je reconnus alors la vérité de ce que dit Bacon, qu'un peu de philosophie fait des athées, mais que beaucoup de philosophie les ramene à la religion : convaincu que nul effet ne peut exister sans cause, & remontant d'origine en origine jusqu'au suprême Auteur, je trouvai la divinité que je cherchois. Je me disois : les incrédules, en supposant l'éternité de la matiere, ne font que substituer à un principe que j'adore sans le comprendre, un autre principe inexplicable : ils affligent mon cœur sans contenter ma raison : ils n'offrent qu'une hypothese inintelligible & désolante, en sappant les fondemens d'une croyance qui faisoit mon bonheur : ils appellent des noms vagues de nature, de hasard, de nécessité, cette cause souveraine que j'appelle Dieu. Du moins sont-ils forcés de reconnoître une cause primitive, & peut-être ne disputent-t-ils que sur les termes. Oui, je suis persuadé qu'il n'est aucun athée de bonne foi, & que tout homme, dont la bouche affirme qu'il n'y a point de Dieu, ment contre sa conscience.

Il y avoit quelque temps que je goûtois dans la retraite les charmes de la méditation, quand je fus distrait par de nouveaux troubles. Mon bienfaiteur étoit resté veuf avec une fille de treize ans qu'il élevoit ſous ſes yeux & qui faiſoit la conſolation de ſa vieilleſſe. Suſanne promettoit d'être belle & avoit déja des graces: ſon ame étoit ſimple & naïve: avant qu'elle eût parlé, on ſavoit ce qu'elle penſoit. L'aimable enfant s'étoit attachée à moi & venoit ſouvent me chercher dans ma cabane, ſuivie d'une eſclave qui l'avoit nourrie. Nous nous promenions ſur le bord de la mer, dans des bois de palmiers qui couvroient le rivage. Là, tantôt j'amenois nos entretiens ſur les beautés de la nature; tantôt j'eſſayois d'imprimer dans ſon ame tendre les premiers principes de la morale, & j'avois le plaiſir de voir par degrés ſe développer ſa raiſon naiſſante. Quelquefois nous faiſions des lectures utiles ; je lui donnois des leçons de deſſin, & j'éprouvois une joie ſecrette à payer ainſi à ſon généreux pere un tribut de reconnoiſſance. Je n'avois pas encore réfléchi ſur ma ſituation, & je recevois ſans m'alarmer les innocentes careſſes de ma pupille ; ſes bras me preſſoient avec tendreſſe ; elle aimoit à me ſourire ; elle me quittoit rarement, & toujours avec peine. Un jour qu'en folâtrant avec elle je la tenois contre mon cœur, une émotion violente s'y fit ſentir ; ce trait de lumiere commençant à m'éclairer, je me promis bien de veiller ſur moi-même & d'éviter des jeux ſi redoutables : mais l'habitude de nous voir rendoit ce projet difficile : je repris bientôt un genre de vie auquel je trouvois mille douceurs. Suſanne croiſſoit & s'embelliſſoit tous les jours ; ſon eſprit s'étoit formé ; aux graces naïves de ſon enfance avoit ſuccédé l'ingénuité décente & timide d'un âge plus réſervé ; ſes yeux ſe baiſſoient devant moi ; je ſurprenois quelquefois ſes regards doux & modeſtes, & je ne les rencontrois jamais ſans trouble : une fois, je la voyois deſſiner, & j'oſai porter mes levres ſur ſa main ; elle me fixa tendrement & rougit : un feu ſéditieux me pénétra ; les idées les plus coupables alloient m'entraîner ;

je me ſentois perdu : je me levai bruſquement ; je ſortis & je courus dans ma cabane : là, me frappant la poitrine, & verſant un ruiſſeau de larmes ; homme dénaturé, me diſois-je, va donc ſacrifier encore cette enfant ; va déſoler ton bienfaiteur ; ajoute ce crime à tous les autres. Non, pourſuivois-je en ſanglottant, non je ne ſuis pas digne de voir la lumiere, & de vivre avec des hommes ! Je paſſai tout ce jour, renfermé, pleurant & rejettant toute nourriture : mon ami me vint voir ; il ne concevoit rien à mon état : je me jettai à ſes pieds & je lui fis l'aveu de mon horrible penſée ; il me releva gaiment, me ſerra dans ſes bras

& me dit ; cessez de vous affliger, & reprenez l'assurance des belles ames. Personne n'est à l'abri des séductions ; mais il n'est donné qu'à la vertu d'en triompher, & la vôtre a subi noblement cette épreuve. Au reste, ajouta-t-il en souriant, c'est pour vous-même qu'il faut surveiller le trésor que je vous confie. Je n'ai point ici d'amis qui me soient plus chers que vous, & mon dessein est de vous unir à ma famille par des nœuds plus étroits : voilà le plan que je m'étois fait & dans lequel la connoissance de votre caractere me confirme tous le jours. Je retombai à ses genoux, & je murmurai quelques mots de remercîment : il me ramena auprès de ſa fille & lui recommanda de me chérir déſormais comme un homme qui devoit être ſon époux. Le front de Suſanne ſe couvrit d'une aimable rougeur & je vis que je ne lui étois pas indifférent. Nous paſſions des jours tranquilles dans l'attente du bonheur, quand la mort m'enleva mes eſpérances. Suſanne mourut d'une fièvre maligne, & j'eus la douleur de perdre en même-temps ſon vénérable pere. Je leur rendis les derniers devoirs avec une amertume que je n'avois jamais éprouvée. Je voyois s'évanouir les idées de félicité que je m'étois formées pour l'avenir ; je perdois à la fois une épouſe, un bienfaiteur, un ami, le charme

& la consolation de ma vie : tout étoit disparu : je me trouvois seul, dans un lieu sauvage, errant parmi des cercueils & sur les froides cendres de ceux que j'avois aimés. Je n'habitois plus qu'à regret cette île qui m'avoit paru si belle ; je ne pouvois me supporter dans mon désert ; chaque pas m'y rappelloit des plaisirs passés & des pertes présentes ; chaque objet nourrissoit en moi des souvenirs déchirans : une affreuse mélancolie retomboit sur mon cœur ; mes anciens remords suspendus long-temps par la douceur d'une société paisible se réveilloient avec une force terrible ; tous les jours j'allois pleurer sur le tombeau de mes amis, &

quand je rentrois chez moi, je me regardois avec horreur dans ce funeſte abandon. Je pris le parti de quitter l'Amérique ; je vendis les poſſeſſions que mon bienfaiteur m'avoit laiſſées, & après avoir dit un éternel adieu à cette ſolitude où j'avois coulé de ſi beaux jours, je revins en Europe.

LETTRE L.

Thérese à Faldoni.

Quel récit vous m'avez fait ! je ne cesse d'y penser ! Falloit-il revenir sur d'anciennes erreurs, & présenter à votre amie des tableaux affligeans ? Cependant, j'aime votre franchise, & dans vos fautes même, je reconnois ce caractere qui ne vous a jamais quitté. Je plains cette pauvre Louise d'avoir aimé ; je la plains, sur-tout, de n'avoir pas été payée de retour : elle méritoit si bien de l'être ! Il est affreux pour vous, d'avoir causé son malheur : mais vos remords ont assez expié cette imprudence. N'en parlons plus, mon ami! le temps a paſſé ſur les égaremens de votre jeuneſſe, & votre raiſon s'eſt murie par l'expérience de ſes écarts. Je ferois peu de cas d'un homme qui n'auroit jamais commis de fautes. Rappellez-vous ce que je diſois, il y a quelques jours, quand vous liſiez devant ma couſine & moi, le roman de Grandiſſon : ce perſonnage m'a toujours paru peu intéreſſant, par ce qu'il eſt trop parfait : un être auſſi ſupérieur à l'humanité ne peut être aimé que des anges ; il me feroit continuellement rougir de l'excès de ſon mérite, & mon amour-propre avec lui ne feroit jamais ſatisfait. Ce n'eſt pas que j'oſe excuſer votre conduite & juſtifier des attentats contre l'innocence. Vous avez ſenti vous-même toute l'horreur de ce crime & vous avez prévenu mes reproches. Vous convenez que le ſouvenir de cette aimable fille a fait le ſupplice de votre vie. O Faldoni ! comment un ſéducteur ne ſonge-t-il pas aux regrets qui l'attendent ? En vérité, je plains bien vos gens à la mode, de ſe tant tourmenter pour ſe préparer un repentir ! combien les femmes ſont malheureuſes ! il ſemble que les uſages politiques ſe ſoient attachés à détruire, dans cette moitié du genre humain, le germe de tout ce qu'il y a de noble & de grand, pour en faire le jouet & l'amuſement des hommes, & pour les immoler au premier corrupteur qui s'en empare! Elles ſont douées pourtant d'un goût délicat, d'un ſentiment exquis ; je dirai même qu'elles vont plus loin que vous quand leur ame eſt exaltée par la vertu : l'amour qui chez elles eſt ſi vif & ſi tendre leur prête une énergie que vous avez rarement dans cette paſſion : non, vous ne ſavez pas aimer comme nous : vous ne penſez qu'à dérober une volupté fugitive, & l'amour vous échappe. Mais nous hélas ! tout entieres à l'objet de notre penchant, nous ne voyons, nous n'entendons que lui : honneur, fortune, félicité, grandeur, nous ne voulons rien que pour le lui donner. Fieres de nos foibleſſes même, quand notre gloire eſt perdue, nous jouiſſons de nos ſacrifices, en ſongeant qu'il en eſt l'objet. Eh! n'eſt-ce point par lui que nous vivons, que nous penſons, que nous ſommes triſtes ou gaies, fortunées ou miſérables? Connoiſſons-nous un intérêt plus fort que le ſien? Cherchez parmi vous ces déchiremens d'un cœur trahi, ces tortures qui conſument une amante, & qui la traînent lentement au tombeau! Vous autres hommes, vous êtes diſtraits & diſſipés par le tumulte; mille objets peuvent vous écarter de celui qui vous occupe; mais nous, dans la ſolitude où notre éducation nous enchaîne, nous ſommes toujours avec nos penſées, toujours près de cette image adorée, toujours livrées à des ſouvenirs qui la nourriſſent! Nous avons à combattre, & vos ſéductions, & nos deſirs plus puiſſans encore, & la ſenſibilité de nos organes, & la foibleſſe de nos cœurs, & la crédulité de nos eſprits! & c'eſt contre des êtres ſi fragiles, que vous vous armez de toutes les forces de la nature & de l'art! Pourquoi l'homme qui fait les loix ne rend-il pas ſa compagne digne de tous ſes hommages, en lui donnant le dégré de perfection dont elle eſt ſuſceptible? Craindroit-il de perdre l'empire, s'il déployoit les talens & les vertus des femmes, ou bien auroit-il choisi pour elles l'éducation la plus favorable à ses principes de corruption ! Sans doute il faut le croire ; autrement leur laisseroit-il si peu de moyens de défense, quand lui-même se produit avec tant d'avantages ? Dirigeroit-il leurs premieres vues vers des objets de luxe & de frivolité, au lieu de former leur cœur & d'éclairer leur esprit ? Si elles ont peu de caractere & de suite dans les idées, ne devroit-il pas réunir contre ce vice essentiel tous les efforts de l'institution ? Alors ils les eût prémunies contre les dangers de la séduction ; il leur eût préparé des jouissances pour l'avenir : une femme feroit dans tous les âges les délices de la ſociété ; l'amour fondé ſur l'eſtime ne ſeroit plus l'amuſement d'un cœur oiſif, & on verroit éclore entre les deux ſexes, une rivalité de force & de grandeur qui tourneroit à leur profit mutuel.

Cette pauvre Louiſe ſe préſente encore ſous ma plume. Combien elle a dû ſouffrir ! aimer ſans retour après avoir tout immolé à celui qu'on aime ! ah dieu !..... ce n'eſt point ſa mort que je pleure ; ce ſont ſes maux ; c'eſt l'idée qui devoit la tuer de n'avoir fait qu'un ingrat ! La mort ! Eh ! peut-on la comparer à ces mouvemens du déſeſpoir, à ces convulſions de la rage qui nous font maudire l'exiſtence ? Quelle folie à nous, d'écouter une paſſion rarement heureuſe, & preſque toujours ſuivie d'inépuiſables regrets! .... Pardon, je ne finis pas; je devrois vous égayer, & je ſuis rejettée malgré moi dans mes réflexions. Vous êtes cauſe que j'ai paſſé la nuit la plus cruelle, agitée de toutes vos ſcenes, vous ſuivant par-tout, vous accuſant d'avoir laiſſé mourir..... allez! ne m'en parlez plus! j'ai de l'humeur contre vous; & je ſerois tentée de vous haïr tout de bon.

Je ne ſais ſi je dois attribuer à cette lecture la ſituation de mon ame : je ſuis aujourd'hui d'une triſteſſe accablante : tout m'afflige & me déplait. Je voudrois, pour beaucoup, que cette ſemaine fût écoulée ; j'imagine les choſes les plus funeſtes ; je ne vois que fantômes autour de moi. O mon ami ! venez me conſoler ! venez diſſiper toutes ces illuſions d'un cœur trop ſenſible : ce n'eſt qu'auprès de vous que je puis être heureuſe.

Je vous attends demain ; il faudroit arriver de bonne heure, pour prévenir la chaleur & nous donner plus de temps. Apportez vos romances : nous chanterons celle que vous aimez, celle qui fut l'occaſion de vos premiers aveux, & qui depuis, m'a fait verſer tant de larmes. Dans la matinée, nous irons viſiter le bois de la Saulaye que ma couſine n'a pas encore vu ; vous nous donnerez le bras ; on déjeûnera avec des œufs frais dans la ferme que vous connoiſſez ; nos mamans nous prendront en voiture, & nous retournerons enſemble. Dieu veuille qu'il ne ſurvienne pas d'obſtacles à tous ces beaux projets ! car je m'accoutume à ne plus compter ſur rien.

LETTRE LI.

FALDONI au CURÉ.

O Monſieur ! quel affreux événement ! Madame de Saint-Cyran ſe meurt. Elle eut hier un accès de fievre qui l'empêcha d'exécuter une partie projettée : nous reſtâmes auprés d'elle : le ſoir, il lui ſurvint une toux pénible, une ardeur d'entrailles ; elle avoît le friſſon, le tremblement, tous les ſimptômes d'une pleuréſie : la nuit a été terrible ; on déſeſpere de ſa vie ; elle eſt, à tout moment, ſur le point d'être ſuffoquée. On court ; on ſe précipite ; les domeſtiques ſont ſur les chemins ; les médecins ſe ſuccedent ; une partie du village eſt dans la cour du château ; la frayeur & la déſolation ſe peignent ſur tous les viſages. Théreſe immobile eſt à genoux auprès du lit de ſa mere, & ne fait que pleurer. Madame d'Armiane & ſa fille ſont au milieu des femmes, donnent les ordres, veillent la malade & ſemblent ſe multiplier dans tous les lieux. Au milieu de ces mouvemens, il regne dans l'étendue de la maiſon un ſilence morne & lugubre ; on n'entend que des ſanglots étouffés. On a fait revenir de ſon couvent la jeune de Saint-Cyran, pour recevoir la bénédiction de ſa mere ; cette pauvre enfant nous a fait fondre en larmes. Tant de senſibilité dans un âge ſi tendre ! mais c'eſt la digne ſœur de Thérese ! il faut les voir toutes deux autour de leur mere expirante : ce tableau déchire le cœur. On a écrit à M. de Saint-Cyran & à ſon fils : le Chevalier qui eſt plus près a déja reçu l'avis & ne peut tarder d'arriver. Venez, Monſieur ! hâtez-vous de recueillir les derniers ſoupirs d'une mere qui vous appelle à tous les inſtans : mais hélas ! je crains bien que vous n'arriviez trop tard.

LETTRE LII.

THÉRESE au CURÉ.

TOUT eſt fini pour moi ! ma mere, mon amie, ma bienfaitrice n'eſt plus ! & je reſpire encore ! & je ne deſcens pas avec elle dans le tombeau ! Malheureuſe ! j'ai tout perdu ! je ne ſais comment j'exiſte ! un horrible avenir s'ouvre devant moi ; le poids de la douleur m'écraſe ; je me ſens mourir à tous les inſtans. J'ai voulu vous écrire ; mes pleurs m'aveuglent ; mes ſanglots me ſuffoquent ; je n'ai pas la force de tracer deux lignes..... O mon Dieu qui me l'avez ravie ! pourquoi nous séparer ? que ne mourions nous ensemble ? Je la vois encore ranimant ses efforts pour me conjurer de vivre, priant le ciel de me rendre heureuse.... O ma mere ! moi ! que je sois heureuse quand tu n'es plus ! Que ta fille puisse avoir un instant de bonheur sans toi ! Non, non, je n'y dois plus compter ; il faut traîner le reste de ma vie dans les larmes, & je prévois qu'elle ne sera point longue. Oh ! quand viendra le temps où j'irai me réunir à tes cendres vénérables, reposer mon cœur auprès du tien, & trouver dans ton sein la paix que les hommes me refusent ! Ta vertu étoit ma sauve-garde ; je me craignois moins quand tu m'avois parlé ; la douce persuasion couloit de tes levres ; j'allois te confier mes peines & j'étois consolée. O mere adorée & digne de l'être ! si j'ai joui de quelque plaisir, c'est à toi que je l'ai dû ! Combien de fois tu portas dans mon ame l'espérance du bonheur ! Ta présence me rendoit la joie ; ton regard m'avertissoit de mes devoirs. Je me rappelle encore les douces idées de mon enfance & des beaux jours que je passois avec toi. Quels soins tu prenois de me former ! quel charme tu répandois sur tes leçons ! avec quelle force ta moindre parole s'imprimoit dans mon cœur !.... Ah ! j'étois trop heureuse, & tant de félicité n'appartient pas à ce monde où nous ſommes. Je vois maintenant le dernier terme, comme l'objet de mes vœux. Hélas ! qui reſteroit pour me conſoler? vous le ſavez, Monſieur; vous ſavez ſi elle me chériſſoit ! vous étiez le confident de ſes penſées : vous avez vu comme elle voloit au-devant de mes deſirs, comme une ſeule de mes larmes briſoit ſon ame maternelle, comme elle me couvroit de tous ſes regards ! Que de pleurs quand nous nous ſéparions ! quelle joie quand nous étions réunies ! quelle tendre inquiétude ſur mes moindres peines ! On eût dit que tout lui manquoit dès qu'elle ne voyoit plus ſa fille. Non, je ne l'ai point aſſez aimée; j'étois trop occupée de ma folle paſſion, & maintenant je pleure ſur une froide pouſſiere qui ne peut plus m'entendre ; je lui adreſſe mes plaintes ; je l'appelle ; je la cherche & je ne la vois plus ! ce lit, cet appartement, ces meubles, ces lieux où je l'ai vue, ces vêtemens qu'elle portoit, tout m'irrite & me déſeſpere. Je ne la trouve nulle part, & tout me la repréſente ! Je n'ai d'autre douceur que de verſer mes larmes dans le ſein de ma couſine : cette conſolation me ſera bientôt ravie ; elle & ſa mere n'attendent pour partir que le retour de mon pere qui doit être ici dans peu de jours. Votre ami ne paroît plus ; je l'ai prié d'interrompre ſes viſites, &

il en ſent la néceſſité : d'ailleurs, quelle eſpérance déſormais de nous unir ? il n'y faut plus penſer ! Ah malheur ! malheur à moi, d'avoir nourri cette illuſion ! Comment pouvois-je croire à la félicité ? c'eſt un vain nom ; elle n'exiſte que dans le cercueil ! O tendre & généreuſe mere ! élevée maintenant au-deſſus de nos triſtes joies & de nos peines cruelles, ſi tu daignes jetter les yeux ſur les miſeres de l'humanité, ſi tu conſerves pour ta fille quelque étincelle de cet amour qui brûloit dans ton ſein ! veille ſur elle du haut des cieux ! ſois encore ſon guide & ſon appui ! ô ma mere ! ne permets pas qu'elle s'écarte des loix de l'auſtere honneur & des vertus dont tu lui donnois l'exemple ! attire à toi cette infortunée qui ne fera plus que languir, jufqu'au moment où elle ira dans tes bras fe délaffer de fes fouffrances ! Voilà, Monfieur, ce que je lui crie fur fa tombe où je paffe des jours entiers, baignée de larmes, défefpérant de la revoir, & ne pouvant m'arracher à cette pierre infenfible qui nous fépare.

LETTRE LIII.

Le Curé à Thérese.

QUE m'apprenez-vous, ô ciel! une mort si subite, si imprévue! Mais cette digne mere de famille étoit depuis long-temps résignée à sa derniere heure : elle n'avoit pas attendu les approches de ce fatal instant, pour disposer son ame à paroître devant Dieu : elle lui a porté des jours purs & remplis par la vertu : elle jouit d'une paix céleste, & elle nous laisse en proie aux orages de la vie! Ah! quels tristes momens sont préparés pour ma vieillesse! quels chagrins vont se mêler aux infirmités qui me me menacent ! j'étois malade quand j'ai reçu votre lettre ; mes douleurs s'en sont accrues ; je suis maintenant dans le lit, affligé de vos maux & des miens. Que l'humanité est misérable ! Il faut traîner une pénible existence à travers une foule de tourmens, & tant d'efforts pour vivre n'aboutissent qu'à la mort ! Je serois déja près de vous, si j'étois en état de faire la route ; je souffre excessivement de vous abandonner à vous-même, dans ce moment de douleur & d'effroi. Au nom du ciel ! ne vous laissez pas dompter par le désespoir ! élevez-vous, ma chere fille, jusqu'à l'Être immortel qui frappe & qui console. Eh ! qui sommes-nous, vils atômes, enfans de la poussiere, pour ófer murmurer des châtimens qu'il nous envoye ? Qui de nous est assez parfait pour n'avoir point mérité la rigueur céleste ? Humilions-nous sous ses fléaux ; rendons-lui grace de ne les avoir point réservés pour un autre monde, & d'épuiser sur cette vie passagere la coupe de sa justice ! La félicité n'appartient pas à l'homme, tant qu'il est condamné à ramper dans cette vallée de larmes : souffrir, vieillir, & mourir, voilà sa destinée. Elle pourroit être plus douce, & le dispensateur souverain qui a donné le souffle à ces portions de la matiere, qui les a tirées de leur antique repos pour leur imprimer le mouvement, pouvoit dans le court espace de leur durée, semer de quelques fleurs la route qui les mene au tombeau : mais qui sait si le moment que nous appellons la vie, n'est pas pour nous un temps d'épreuve qui doit nous conduire au bonheur? Dans l'idée de la clémence infinie, on peut, sans présomption, espérer un meilleur monde & de plus beaux jours. Oh! quand serai-je délivré des entraves qui m'arrêtent! Quand pourrai-je dire au Dieu que j'adore! j'ai fourni la tâche de travaux que tu m'avois imposée ; cette terre dont je suis sorti a plus d'une fois été trempée de mes sueurs & de mes larmes; j'ai soutenu tous les combats imposés à la vertu, & maintenant je viens te demander ma récompense : je viens t'offrir, avec les foiblesses attachées à l'humanité, quelques bonnes œuvres qui les réparent. J'étois homme, sujet à l'erreur, en bute aux passions ; mais j'ai fait le bien quand je l'ai pu, & je m'assure en ta bonté. Séchez vos pleurs, ma chere Thérese ! cette tendre mere offre pour vous ses vœux à l'Éternel ; ses regards sont encore attachés sur son enfant ; elle ne souffrira pas que le malheur vous accable : c'est maintenant qu'elle va puiser à la source immortelle de toute vertu les secours dont vous avez besoin. Pourquoi gémir ? pourquoi pleurer ? O ma chere fille !

nos regrets feront-ils qu'un être éphémere prolonge sa durée au-delà d'un jour ? Eh qu'est-ce que le monde ? un lieu de passage où les voyageurs se succedent avec une vîtesse effrayante. C'est un amas de débris qui s'accumulent depuis la naissance des âges. Il faut que tous les nœuds se rompent, que toutes les amitiés se détruisent ; il faut s'arracher à toutes ses affections pour aller s'engloutir dans cet abîme inconnu d'où rien ne sort ! Mais votre mere ne vous a point laissée pour jamais : vous la reverrez un jour ; elle vous a devancée ; elle vous attend ; encore quelques années, & vous ne vous quitterez plus. N'avez-vous jamais appris à ſupporter l'abſence ? à l'heure ſolemnelle qui vous rappellera dans ſon ſein, qu'il vous ſera doux d'être réunies ! Oui, je l'eſpere ; un temps viendra que nous ſerons tous enſemble, & que la ſainte amitié nous rapprochera. Heureux ſéjour où l'intérêt, l'ambition, la haine, les petites paſſions de l'humanité n'auront point d'accès, où les ſentimens épurés ſeront des vertus, où rien que de noble & de divin n'entrera dans nos ames !.... Hélas ! je veux vous encourager & mes larmes coulent, & l'image de cette femme céleſte vient accabler ma penſée ! O perte irréparable ! ô amie dont rien ne me conſolera ! je ne tarderai pas à te ſuivre. Déja mon corps ſent les approches de ſa ruine ; le poids des années m'afflige ; la mélancolie empoiſonne les jours de ma vieilleſſe ; un nuage s'eſt abbaiſſé entre le monde & moi ; la joie m'échappe ; l'eſpoir m'abandonne, & je n'ai plus à deſirer que l'aſyle du tombeau.

LETTRE LIV.

Faldoni à Thérese.

VOULEZ-vous gémir éternellement, & n'eſt-il pas un terme aux regrets, quand les maux ſont ſans remede? Ah! cruelle amie! j'ai vu le temps où j'avois quelques droits ſur vos jours; vous me promettiez de n'exiſter que pour moi; vous chériſſiez la vie pour me la conſacrer toute entiere: ce temps n'eſt plus; je le ſais; je n'en ſuis que trop convaincu: mais l'amitié (ſi ce n'eſt pas l'amour) ne ſuffit-elle pas pour vous retenir au monde? On dit que vous êtes noyée dans vos larmes, que la douleur abſorbe en vous tous les autres ſentimens, que vous avez formé le projet de ſuivre au tombeau ma bienfaitrice ! Ah ! Thérefe ! ne voulez-vous pas que nous la pleurions enſemble ? refuſez-vous de m'aſſocier à vos douleurs, ou ſi vous ſongez à mourir, ne me jugez-vous pas digne de vous ſuivre ? Si les tendres ſupplications de l'amour peuvent pénétrer juſqu'à votre cœur, je vous conjure de les écouter ! Nos malheurs ſont communs ; il faut nous aider à les ſupporter. Que l'image de cette vertueuſe mere ſoit toujours préſente à nos regards pour nous animer ! Reſpectons ſa volonté derniere ; vous ſavez qu'elle fut de nous unir. Que ne vit-elle encore, cette femme adorée qui ne respiroit que pour faire le bien ! Je n'aurois pas à redouter les maux de l'avenir ; les jours de ma félicité s'écouleroient encore sous ses yeux : beaux jours dont je n'ai pas assez connu le prix ! doux & rapides momens qui ne reviendront plus ! bientôt la voix paternelle va se faire entendre ; vous aurez à combattre une autorité qu'il est difficile de vaincre ; vous êtes sensible & généreuse ; les prieres d'un pere, ses larmes, ses instances vous forceront de céder, & je tomberai du comble de mes espérances dans un abîme de misere. O dieu ! me faudra-t-il renoncer à votre cœur, vous que j'aime! vous que je ne cesserai d'aimer qu'en cessant de vivre! ô mon amie! me l'ôterez-vous, ce trésor que je possede? Tout redouble mes craintes! déja vous me défendez de vous revoir; ce n'est qu'en tremblant que je vous écris; nos amis se dispersent; l'une est allée habiter le séjour des justes; l'autre est au moment de la suivre; ce vénérable Pasteur languit sous le poids des infirmités; son ame céleste est souffrante dans un corps malade; nous le perdrons peut-être. Hélas! il n'est pas fait pour ce monde. Les méchans, les persécuteurs vivent & s'éternisent: c'est en vain qu'on attend leur mort pour respirer; ils vivent ; ils tiennent à la terre par de fortes racines ; leurs ames d'airain ne sont altérées ni par les peines d'autrui qu'elles ignorent, ni par leurs propres maux qui les éprouvent impassibles. Aussi les années roulent sur leurs têtes, & le soleil les voit fournir en paix la révolution d'un siecle. Mais l'homme sensible est l'esclave des élémens, des climats, des saisons, de la nature entiere ; tout l'affecte & l'ébranle ; les larmes de l'étranger font couler les siennes ; dans sa passion mélancolique, il va partageant toutes les douleurs ; il s'épuise de bonne heure & tombe au milieu de sa course. Depuis que je ne vous vois plus, je ne sais ce que je deviens : je parcours les bois & le rochers ; je cherche tous les endroits où je vous ai vue ; je repasse sur ces promenades charmantes que nous faisions tous les jours ; je ne vois qu'un désert immense : le déclin de l'automne ajoute à la noirceur de mes pensées ; ces feuilles qui tombent de toutes parts, cette campagne flétrie, ces images de deuil & de désolation me remplissent de terreur ; je soupire de me trouver seul au milieu des ravages du temps : cette puissance destructive répandue dans l'univers me fait songer au moment où vous & moi ne serons plus. Hier, le soleil couchant jettoit un doux éclat sur la prairie ; je voyois cette belle vallée & les bords du fleuve où je vous avois accompagnée tant de fois ; vous n'y étiez plus ; je m'ennuyois & je n'ai pu m'y fixer un quart-d'heure. En entrant dans le verger, je me ſouvenois d'y avoir cueilli des fruits avec vous ; j'ai regardé ce noyer d'où je faiſois tomber à vos pieds une pluie de noix : vous ne ſauriez croire l'impreſſion de triſteſſe qui m'a ſaiſi. Je ne peux plus ſupporter les lieux où vous n'êtes pas. Souffrez que je vous voye ! vos parens ſont-ils des tigres, & ne peut-on approcher de leur demeure ? O ma chere Thérefe ! que votre abſence eſt terrible ! depuis vingt jours, je ne vis que pour éprouver tous les tourmens. Plus de repos ; ſi je m'endors un inſtant, mon réveil fait mon ſupplice ; je n'ai plus l'eſpérance de vous revoir le reſte du jour. La ſeule crainte de ne vous revoir jamais me fait deſirer la mort : je l'appelle à mon ſecours ; je l'appelle en vain : mais combien ma ſituation devient plus horrible quand je me repréſente ce que vous devez ſouffrir ! Je me dis quelquefois ; ſi elle ne m'avoit point aimé, elle ſeroit heureuſe : un autre plus fortuné eût mérité ſa foi : mais, chere Thérefe ! t'auroit-il aimée comme moi ? Ah ! mon ange ! mon aimable amie ! gardez-vous de le croire ! gardez-vous ſur-tout de vous reprocher mes peines ! elles font mon bonheur ; je jouis de mes larmes ; votre ſouvenir me conſole ; l'eſpoir de vous intéreſſer , mêle à l'horreur de mon ſupplice un charme raviſſant : que me fait le ſort & ſa rigueur , quand j'ai l'eſtime de mon amie ?

LETTRE LV.

Thérese à Faldoni.

On vous a donc parlé de mon état ! je voulois vous le cacher ; c'eſt ſur-tout dans cette vue que je vous éloignois ; je voulois me navrer ſeule & à plaiſir de ma douleur : cet avenir redoutable qui ne m'offre plus que des privations, des abſences, des perſécutions, des ſacrifices, ce temps auquel je frémis de ſonger me plonge dans des angoiſſes mortelles. Il eſt trop vrai que les jours du bonheur ſont paſſés : cette tendre maman les emporte avec elle dans le tombeau. Adieu douce eſpérance ! amour ! union des cœurs ! adieu tout ! il faut pleurer, mon bon ami, ſur nos plaiſirs perdus & ſur les maux qui nous menacent. Si nous avions du moins la conſolation de nous écrire, ſi mes lettres vous parvenoient tous les jours, s'il m'étoit poſſible de vous envoyer des preuves de ma tendreſſe & de mon ſouvenir, votre éloignement me ſeroit moins pénible. Mais attendre du haſard un moyen ſûr de nous entretenir, n'oſer même prononcer votre nom, c'eſt un tourment affreux; je ne le ſoutiendrai jamais. O mon ami ! unique objet de mes affections ! ſe peut-il que notre félicité ſe ſoit évanouie, que nos beaux jours soient passés sans retour! Il ne nous reste donc plus que des regrets déchirans ! quel état! combien vous devez souffrir! je sens vos peines ; je ne sens qu'elles ; les miennes ne sont rien.. Que tous les maux m'accablent ; mais que vous soyez heureux : voilà le vœu de votre amante ! O mon cher Faldoni ! ne m'oublierez-vous pas ? m'aimerez-vous toujours ? Au milieu de mes supplices, l'assurance de votre amour peut me consoler. Je parois tranquille ; j'affecte un calme, hélas! bien éloigné de mon cœur ! je ne m'afflige qu'en secret & dans les bras de ma cousine ; elle se flatte d'essuyer mes larmes, d'en tarir la source : je lui laisse cet eſpoir, puiſqu'il lui fait plaiſir; mais je ſens qu'elles couleront juſqu'au moment où je recouvrerai le bonheur que j'ai perdu. Combien elle eſt ardente à me ſervir! avec quelle complaiſance elle m'écoute! Après vous, je n'ai que ſon amitié pour m'aider à ſupporter ma pénible exiſtence.... Grand dieu! quel changement! Voici l'heure où vous avez coutume d'arriver; elle revient, & je ne vous vois plus! je vous deſire; je vous cherche; mon cœur vous appelle ſans ceſſe. Mon ami! mon bien aimé! Ah! venez! je ne puis ſoutenir plus long-temps cette épreuve; elle eſt au-deſſus de mes forces. Venez! que je vous apperçoive, &

je ſerai contente. Je ſuis reſtée hier, pendant des heures entieres, appuyée près d'une fenêtre qui donne ſur la plaine, & je ne vous ai point vu une ſeule fois! Toute la nature paſſoit, excepté vous! Qu'êtes-vous donc devenu? J'attendois vainement; mes pleurs ont redoublé, & je me ſuis couchée dans un déſeſpoir nouveau...

Je viens de quitter cette fenêtre chérie, & je n'ai que la force de m'aſſeoir! O mon ami, je vous ai vu & je vous ai fui! Mes genoux ſe déroboient ſous moi; je n'exiſtois plus; je meurs à chaque inſtant. Je croyois être plus calme, & ma douleur augmente! mon déſeſpoir eſt extrême; j'ignore où il me conduira.... Mais, mon cher Faldoni! je vivrai pour t'aimer ; souviens-toi de tes sermens, & sois sûr de mon amour : l'univers réuni ne m'y feroit pas renoncer. Je me sens un esprit de résistance supérieur à tous les obstacles. Homme adoré ! ton cœur est dans le mien : voilà ma force ! vas ! nous serons encore heureux. Je désespérois de te revoir jamais, & maintenant je suis tranquille autant que je puis l'être. L'hiver va bientôt nous rapprocher ; nous aurons mille occasions d'être ensemble ; nous pourrons nous rencontrer par-tout ; en ménageant ces instans, il nous sera facile de les multiplier. Ne nous écrivons plus, à moins qu'il ne s'offre une voie fûre de nous faire tenir nos lettres. Si notre correſpondance étoit découverte, j'en mourrois de douleur. Je crois auſſi qu'il eſt dangereux de prolonger votre ſéjour chez ma nourrice : mon frere dans ſes courſes de chaſſe peut aller de ce côté ; nos gens peuvent parler ; vous n'avez aucune raiſon à donner pour choiſir une pareille habitation dans notre voiſinage ; elle ſeroit ſuſpecte & pourroit nous nuire.

Le Chevalier vient d'arriver avec mon pere : le premier m'a ſerrée dans ſes bras avec tant d'amitié, que j'ai été obligée de détourner la tête, afin qu'il ne s'apperçût pas de mon attendriſſement. Pourquoi ce qui m'eût autrefois combléе de joie me fait-il une impreſſion ſi contraire ? pourquoi ces pleurs ? Mais auſſi pourquoi cette diſtinction particuliere ? Ah ! qu'on me laiſſe en paix ! Je ne leur demande rien ! je ne veux rien d'eux ! puiſſent-ils m'oublier ! je m'attends à des perſécutions ; je ſuis ſurveillée avec une rigueur inouïe : on ne me permet plus de ſortir du parc, & quand je m'y promene, c'eſt avec ma tante ou ma couſine. On a ſu que vous étiez venu ſouvent au château pendant cet été ; il faut y faire une viſite de décence & n'y plus reparoître. Venez demain dans la ſoirée ; je vous attendrai. Ah ! ſans doute je reſterai. Ingrat ! pouvez-vous me me laisser voir vos craintes sur ma tendresse ? Est-il une force au monde qui puisse me faire changer ? O mon cher Faldoni ! est-ce quand on vous aime qu'on peut renoncer à vous ? qu'ils ne s'en flattent pas ! Le ciel & la terre se sont unis pour serrer nos nœuds ; cette généreuse mere qui vous nommoit son fils, a fixé mon destin ; il est de vous aimer jusqu'à mon dernier soupir. O ma mere ! tu les avois prévus ces orages qui nous environnent : mais ta bonté se promettoit de les dissiper. Tu avois juré dans ton sein maternel de changer les résolutions d'un pere. Eh ! que ne pouvoit la douceur de tes paroles, tes larmes séduisantes, tes aimables careſſes ? mon amant, mon époux, celui que ton cœur adopta étoit digne de ton choix ; c'eſt pour lui que je t'implore ; nous irons jurer ſur ta tombe d'accomplir tes volontés & de garder à jamais nos nœuds que tu formas. Concevez-vous, mon ami, combien ces ſouvenirs redoublent mon courage ? Ah ! que l'avarice & l'orgueil ſe déchaînent contre nous : je ſuis prête à tout ſouffrir, tout juſqu'à la mort, plutôt que de renoncer à ma foi : voilà mon ſerment ; je le fais devant Dieu, ou plutôt, je le répete, & vous pouvez y compter.

LETTRE LVI.

Au même.

Est-ce bien vous que j'ai revu! est-ce vous que je croyois ne plus revoir ? oui, c'est vous; c'est votre voix que j'ai entendue, ô mon cher Faldoni! que n'ai-je osé attacher mes yeux sur les vôtres! Mais on nous observoit; j'examinois la contenance de mon pere; il n'étoit point à son jeu; il étoit avec nous. Hélas! je ne vous ai rien dit, rien qui vous marquât ma tendresse; & je vous aime! Ah! vous n'en doutez pas sûrement! avec quel intérêt je vous écoutois! chaque mot que vous prononciez me causoit la plus vive émotion. Avez-vous lu dans mon cœur ? avez-vous vu la contrainte où j'étois de n'oser m'exprimer ? avez-vous senti que mes distractions étoient l'effet de ma prudence ? Il falloit dissimuler ou nous perdre ; il falloit paroître vous voir avec indifférence. Quel horrible tourment ! Trahie à chaque instant par ma douleur, j'étois auprès de vous, & j'avois peine à retenir mes larmes. Vous m'avez quittée sitôt pour la derniere fois ! Que ne prolongiez-vous votre visite d'un seul moment ! Il vous étoit si facile de rester ! Mais le vouliez-vous, dites-moi ? Sans doute vous n'avez fait que céder à la cruelle néceſſité de nous ſéparer. Votre départ m'a plongée dans un accablement qui reſſembloit à la ſtupidité ; je me rappellois ces heures tranquilles que nous avions paſſées dans la plus douce intelligence. O ! combien je me félicitois ! combien j'étois fiere de mon amour, quand vous m'aſſuriez qu'il vous avoit rendu au plaiſir, & maintenant vous étiez replongé dans de nouvelles peines ! Mais ne vous laiſſez point aller à la triſteſſe : il faut me le promettre, ou je douterai de mes droits ſur votre ame. Vois, mon cher Faldoni, ton amie, ton amante à tes pieds, te conjurer de veiller ſur ta vie ! Penſe à l'avenir ! Retrace-toi ces momens ſi doux que nous avons paſſés ; ils pourront renaître : le ciel peut faire des miracles en faveur de notre amour. On ne me dit rien encore ; je vois ſur le viſage de mon pere un froid qui me glace : je tremble que ce calme apparent ne couve quelque orage ; mais je ſuis prête à tout. Hier, après votre départ, Madame d'Armiane & Conſtance étoient montées chez elles ; je reſtai avec M. de Saint-Cyran ; je pris mon tambour & je me mis à broder. Mon pere ſe promenoit en ſilence, & il me lançoit de temps en temps des coups-d'œil terribles. Je n'oſois lever les yeux, effrayée de rencontrer les ſiens. Fatiguée de cette ſcène muette, je ſortis pour aller retrouver ma tante, & en arrivant auprès d'elle, mes larmes commencerent à couler. O Madame! lui dis-je, c'en est fait, j'ai perdu sans retour l'amitié de mon pere. Je lui racontai ce que j'avois vu; elle m'embrassa, me consola, m'offrit de m'emmener avec elle à Paris, pour me distraire de mes chagrins : je baisai la main de cette généreuse tante, & je lui exprimai tout le desir que j'avois de la suivre; mais j'ajoutai qu'il étoit bien à craindre que mon pere ne s'y refusât. Elle doit le lui proposer : mais quel succès puis-je attendre? le passé ne m'a que trop appris à redouter l'avenir! Insensée! est-ce à moi d'espérer le bonheur?...

à 2 heures du matin.

Je ſuis libre, & je reprends ma plus chere occupation. O Faldoni ! quelle deſtinée eſt la nôtre ! Je ne ceſſe d'y rêver. C'eſt dans le ſilence & l'obſcurité que nos maux ſe repréſentent ſous une forme plus horrible. Je me flattois d'obtenir quelque repos : la nuit pouvoit-elle me calmer ? Suis-je moins éloignée de vous ? Le motif de mon affliction n'eſt-il pas toujours le même ? Hélas ! en vous voyant ſortir hier, je diſois ; c'eſt la derniere fois que cette porte s'ouvre pour lui. Mes yeux vous ſuivoient. Quelle ſolitude m'environne ! comme tout eſt ſombre autour de moi ! que j'aime ces vêtemens lugubres, & ce deuil qui eſt l'image de mon cœur! En me rappellant mes pertes, ils me nourriſſent de ma douleur. Je ne me plais que dans les larmes; j'en arroſe mon chevet: le ſommeil me fuit; le ſommeil qui conſole les malheureux, ne revient plus que pour m'apporter de triſtes ſonges plus affreux que mes veilles. Je n'ai d'autre ſoulagement que celui de vous écrire. Avec quelle impatience j'attends ces heures de ténébres pour me rapprocher de vous! Tout dort maintenant, & je n'ai que ce temps qui m'appartienne. Ah! qu'ils dorment! je n'envie pas leur repos: vaut-il le tourment même que j'éprouve à me rappelſer votre idée? quelle impreſſion m'a laiſſé la douceur que nous goûtions avant notre infortune! Jamais, mon aimable ami, jamais je n'oublierai ces momens de paix & de ſérénité! Souvenez-vous de cette nuit charmante où, dans le tumulte & le bruit d'une fête, j'étois auprès de vous & de ma couſine : je pleurois ; mais ces larmes n'étoient point ameres, & cependant je preſſentois déja le terme de mon bonheur : c'étoit un mêlange de peine & de plaiſir qui me cauſoit une mélancolie délicieuſe. Dès que j'eus perdu la plus tendre des meres, je vis toute l'horreur de mon ſort; je vis qu'il falloit renoncer à vous; je voulus eſſayer de me vaincre,

& je laiſſai paſſer un mois dans une guerre perpétuelle avec mon cœur. Mais que vous étiez puiſſant, ô mon ami ! que l'abſence vous donnoit de force ! j'aurois peut-être mieux réſiſté à vous-même qu'à votre image. Je me la repréſentois avec tous ſes charmes, & l'éloignement l'embelliſſoit encore. Vous avez paru comme un ange conſolateur, & tous mes ſens flétris ſe ſont ranimés à votre aſpect. J'ai ſenti ma joie renaître ; il me ſembloit que vous me tiriez d'un abîme, & quand vous m'avez quittée, j'y ſuis retombée. L'air dont mon pere me regardoit m'eſt encore préſent : mille preſſentimens m'accablent ! ſuis-je deſtinée à être éternellement malheureuſe ? n'ai-je point aſſez ſouffert ? C'eſt demain que ma tante doit haſarder la périlleuſe demande de mon voyage ; c'eſt demain que mon arrêt ſera prononcé....

Tout eſt dit ; tout eſt conſommé. Plus d'eſpoir ! le malheur, le malheur va fondre ſur moi. Mes ſanglots m'étouffent. O dieu ! je l'avois bien prévu ! & que d'affreuſes circonſtances accompagnent ce refus ! J'ai beſoin de reprendre mes ſens. Comment vous écrire ?... Il le faut cependant ; ma tante va partir ; Conſtance ſe chargera de ma lettre, & je n'ai que le moment de vous tracer ces caracteres qui ſont baignés de mes larmes.... O ciel impitoyable ! & je n'ai pas le courage de me délivrer d'une vie odieuse ! Ah ! sans la crainte de vous donner la mort, vous auriez déjà reçu mes derniers adieux. Homme infortuné ! lisez, & connoissez toute l'étendue de nos maux ! M. de Saint-Cyran avoit paru assez gai pendant le dîner ; son front étoit moins sourcilleux ; il m'adressoit quelques paroles, & mon foible cœur s'ouvroit aux charmes de l'espérance. Après le repas, on a profité d'un rayon de soleil, pour se promener sur la terrasse. J'ai dit ; voilà l'instant critique, & je suis restée dans le sallon avec Lolotte. Une heure après, on est rentré ; mon pere avoit les yeux rouges &

étincelans ; Madame d'Armiane baiſſoit les ſiens avec un air grave & auſtere : Conſtance s'eſt miſe dans un coin pour pleurer. Je me ſuis levée, ne ſachant quelle contenance me donner : je reſtois de bout, après avoir fait quelques pas vers ma tante : elle m'a fait un ſigne de la main d'aller m'aſſeoir, & elle s'eſt jettée dans un fauteuil avec un mouvement de dépit. Toute cette ſcène muette que je vous retrace, a fait ſur moi l'impreſſion la plus terrible, & j'attendois dans un ſilence d'effroi quelle en ſeroit la ſuite. Mon pere a dit à Lolotte de ſortir : alors m'apoſtrophant, il m'a demandé d'une voix ſévere ſi j'étois laſſe de vivre avec lui. Je ne répondois point ; il a répété la même question avec une voix plus forte. Moi ! Monsieur ! lui ai-je dit ; moi lasse de vivre avec vous ! .... Eh bien ! n'ai-je pas raison ? Vous craignez de poursuivre ; une foible pudeur vous retient : vous n'avez pas encore assez d'audace pour avouer que je vous gêne, que mon œil clairvoyant nuit à vos sourdes intrigues. — O Monsieur ! ô mon pere ! — ô mon frere, a dit Madame d'Armiane, ne faites point cet outrage à ma niece : le projet de ce voyage n'est venu que de moi : j'ai crû devoir le lui proposer pour la distraire de sa douleur ; je la voyois accablée de la mort d'une mere, environnée d'objets qui lui retraçoient sa perte, & j'imaginois que quelques mois d'absence pourroient la dissiper. Quoi donc, lui a dit mon juge, vous êtes dupe de ses larmes? Allez, Madame, ce n'est pas une mere qu'elle pleure, c'est un amant. Je me suis écriée; mes bras se sont tendus involontairement vers le ciel. O ma mere! venez à mon secours! venez justifier votre malheureuse fille! O la meilleure des meres! comment ne pas vous pleurer, moi qui perds tout avec vous! Je ne savois ce que je disois; le désespoir m'égaroit; je crois que je me suis levée, & que j'ai frappé la terre comme pour en faire sortir l'ombre de cette généreuse femme. Conſtance m'a dit enſuite que mes yeux, mes traits, & tout mon viſage exprimoient le déſordre de mon eſprit. Mon pere s'eſt approché, & m'a regardée fixement. Que veut cette fille ? eſt-elle folle ? il faudra l'enchaîner ; & il faiſoit le mouvement d'aller appeller ſes gens. Monſieur ! Monſieur ! a dit ma tante, y penſez-vous ? & toi, Thérèſe, reprends tes ſens : à quoi bon tout ce tumulte ? on ne te permet pas de me ſuivre ; eh bien ! ma chere ! il faut reſter, aimer ton pere, même dans ſes rigueurs, & tâcher par la tendreſſe filiale de gagner la ſienne. Ah ! Madame, ai-je dit, j'aime mon pere ; mais..... achevez,

Mademoiſelle, a dit une voix qui ne m'eſt que trop connue : mais il ne m'aime pas, voulez-vous dire? Je me taiſois.... Non ; ſi c'eſt manquer d'amitié que de ne pas donner les mains à votre folle paſſion, non, je ne t'aime pas, fille ingrate, & jamais tu ne rentreras dans mon cœur, tant que tu ne chaſſeras pas du tien le téméraire qui oſe y prendre ma place : crois que je ſuis inſtruit, que je vois tout, que je ſais tout, & qu'on ne m'abuſe point par une lâche hypocriſie. Ne connois-je pas l'homme qui m'offenſe & qui te déshonore? N'a-t-il pas eu le front, il y a deux jours, de paroître devant moi? N'ai-je pas vu vos regards furtifs & vos ſignes d'intelligence ? La flamme de cette fille inſenſée n'a-t-elle pas éclaté ſous les yeux d'un pere? Me croit-on aveugle? & dans quel temps oſe-t-elle ſe livrer à ſa pourſuite amoureuſe ? Vous le voyez, Madame ! c'eſt quand la cendre de ſa mere eſt encore fumante ! Je me ſuis approchée, les mains jointes, les genoux pliés & tremblans ; grace ! grace ! épargnez-moi ! qu'ai-je donc fait pour donner lieu à ces horribles reproches ? Si j'ai marqué des attentions pour la perſonne dont on me parle, j'y étois autoriſée par ma mere ; j'avois ſon aveu ; elle a connu toutes mes penſées ; elle a vu toutes mes démarches ; je me ferois fait un crime de les lui cacher. Et moi, a-t-on repris, je ne méritois point d'avoir part à de si beaux secrets : j'étois l'ennemi dont il falloit se garder; & tandis qu'une mere foible & trompée souffroit qu'un quidam osât annoncer des prétentions sur ma fille, & se loger pour plus de commodité à deux pas de ma maison, cette amoureuse créature trembloit que je n'arrivasse : à peine m'a-t-elle revu, qu'elle brûle de me quitter, sans doute pour jouir de sa liberté : mais j'y saurai mettre ordre, & je lui déclare ici devant ma sœur, que jusqu'au moment où elle aura reçu la foi de l'honnête-homme que je lui destine, & engagé la sienne aux autels, elle ne quittera point ce château, dussé-je y mettre des gardes : j'empêcherai bien qu'elle n'en sorte pour courir après son séducteur : je lui donne sa chambre pour prison ; qu'elle y pleure à loisir ses folles erreurs ! Quand une fille a passé les bornes du devoir, un pere a le droit de franchir celles de la rigueur, & les jours de ma justice vont commencer pour elle.... O mon ami! comment vous répéter tout ce qu'il a dit, cet homme barbare que je n'ose appeller mon pere! Il m'a menacée de toute sa vengeance, si après un temps écoulé je ne subissois l'affreux hymen qu'il veut m'imposer ; il a rejetté les prieres, les larmes, les instances de sa sœur ; rien n'a pu le fléchir : en vain ma chere Conſtance s'eſt précipitée à ſes pieds, le conjurant de m'être favorable : j'ai riſqué de me proſterner auſſi devant lui ; j'entrelaçois mes bras autour de ſes genoux ; je lui ai dit au milieu des larmes & des ſanglots : ſouvenez-vous que je ſuis votre fille ; ayez pitié de moi ; ne me traitez pas avec tant de rigueur ; je vous en conjure au nom de cette tendre mere qui m'a bénie à ſon dernier moment ! O Monſieur ! ayez pitié de votre ſang, ſi vous voulez que l'Être ſuprême vous traite un jour avec bonté ! je ne ſuis pas ſi vile que vous le penſez ; je n'ai point déshonoré ma naiſſaince ; je ne ſuis point une fille perdue ; on ne m'a point séduite : les sentimens d'honneur que vous m'avez transmis me sont encore chers. O ! souffrez que je vous appelle mon pere, & que je réclame auprès de vous la clémence paternelle ! Ne me faites pas mourir de douleur ! N'ôtez pas la vie à celle à qui vous l'avez donnée ! Hélas ! un jour viendra peut-être où vous gémirez de m'avoir traitée si cruellement, & il ne sera plus temps. Je serrois tendrement ses genoux, en lui parlant. Loin de moi, serpent, a-t-il dit, & en agitant ses jambes, il m'a repoussée à dix pas de lui, sur le parquet : sa fureur étoit au comble ; il a fait un serment horrible que j'épouserois son ami, ou qu'il iroit m'enterrer dans des lieux dont je ne sortirois que pour descendre au tombeau : il a juré que si je vous revoyois, vous, mon cher Faldoni, si j'osois vous parler ou vous écrire, il m'accabloit de tout le poids de sa malédiction : sans vouloir rien entendre, il nous a brusquement laissées, & nous sommes demeurées comme frappées de la foudre. Suis-je assez malheureuse? Le ciel me réserve-t-il encore de nouvelles angoisses? Oh! que ne suis-je déja dans le caveau de mes peres! Que m'importe une triste vie qui ne sera plus mesurée que par les peines? Ah! mourons! délivrons-nous de cette affreuse existence! je ne sens plus; je ne pense plus; je ne suis plus

plus à rien ; le désespoir m'opprime ; je ne vois que des bourreaux, des supplices, un enfer. Mais pourquoi vous envelopper dans mon malheur ? Fuyez-moi plutôt ! fuyez, homme adoré & digne d'un meilleur sort ! allez chercher des cœurs qui pourront au moins payer le vôtre ! allez jouir loin de moi de la félicité qui vous est due ! pourquoi vous obstiner à aimer une infortunée dont le terme approche, & qui ne vous laisseroit après elle que des regrets ? O l'ami de mon cœur ! ô le plus cher des hommes ! pourrez-vous me quitter ? le pourrez-vous ? mon image ne vous suivra-t-elle pas ? n'avez-vous pas à craindre qu'elle empoisonne tous vos inſtans? S'il eſt poſſible qu'une autre vous dédommage de ma perte, aimez-là, j'y conſens: ſi du fond de mon cachot j'apprenois que vous êtes heureux, je bénirois encore le ciel! Allez, trop généreux ami! allez vivre loin d'une terre de douleur où vous ne verriez que deuil & déſolation. C'eſt la derniere fois que je vous écris. Qu'aurois-je à vous dire encore? vous parler de mon infortune? vous affliger par le récit de mes tourmens? porter dans votre ame le poiſon qui me tue? Non, je veux ſouffrir ſeule; je veux dévorer mes larmes & les cacher à toute la nature. Adieu! oubliez-moi; ne m'écrivez plus; ne ſoyons plus rien l'un à l'autre ; il le faut.... O mon dieu ! je n'y pourrai ſurvivre ; la vie n'eſt plus pour moi qu'une mort continuelle ; mon eſprit s'égare dans ce déluge de maux ; ma tête s'affoiblit ; ma raiſon s'en va ; je meurs ; je meurs mille fois avant de mourir..... Adieu, mon ami ! mon bien-aimé ! toi qui me fus cher & qui me le feras juſqu'au dernier ſoupir ! Il faut donc le dire cet adieu ! Quel mot terrible à prononcer ! mon cœur ſe déchire ; je n'exiſte plus : bientôt peut-être vous apprendrez que tout eſt fini pour moi. Des bords de ma tombe où je vais entrer, ô Faldoni, écoutez la voix de votre amie ! elle vous conjure de vivre & de rendre le calme à votre ame ! Renoncez pour jamais à cette paſſion cruelle qui fait le ſupplice de ſes victimes ! Ah ! n'aimez plus ! n'aimez jamais ! que l'exemple effrayant des maux que nous ſouffrons ſoit toujours devant vos yeux ! Je vous diſois de m'oublier ; il n'eſt pas en vous d'y parvenir, & j'oſe croire que vous le tenteriez vainement : mais pardonnez-moi les douleurs que je vous cauſe ; ne me haïſſez pas ! O mon doux ami ! pourrois-tu m'en vouloir ? ſerois-tu bien aſſez dur, aſſez ingrat pour haïr ton amante ? Hélas ! elle n'auroit plus le pouvoir de ſe juſtifier : ce cœur qu'elle t'avoit donné ſera dans le tombeau : ſes cendres où le feu de l'amour vivra peut-être encore attesteroient ton injustice. Sois toujours l'ami de ton amie ! que le temps & l'absence ne puissent détruire en toi la douce chaleur de notre ancienne tendresse ! Quand les années auront rendu ces impressions moins vives, que le souvenir attendrissant de ta maîtresse se réveille quelquefois dans ton cœur, sans y causer d'amertume ! Songe à ces beaux jours dont nous avons si peu joui ; à cette félicité qu'on ne goûte pas deux fois dans la vie ! Rappelle-toi nos jeux, nos entretiens, ce sentiment immortel d'un premier amour, cette flamme victorieuse de tous les efforts humains ! Songe à cette amie qui n'a point regretté de mourir pour toi, & si tu peux visiter le coin de terre qui l'enfermera, ô mon bien aimé! n'y passe jamais sans donner une larme à sa mémoire ! Adieu ! adieu ! les sanglots me suffoquent! je ne vois plus qu'à travers un nuage de pleurs.... ô Faldoni ! adieu pour jamais !

P. S. Ma cousine vous remettra vos lettres ; c'est un sacrifice affreux, mais nécessaire ; il seroit dangereux de les garder : reprends-les, mon ami ! je n'ai pas besoin de ces marques de ton amour ; j'en ai qui ne s'effaceront jamais ! je les porte au fond de mon cœur : rien ne les en arrachera. Il faut donc cesser de t'écrire, & je n'avois plus d'autre consolation ! Combien je suis malheureuse ! ô mon cher Faldoni ! adieu ! .... chaque mot me fait frémir ! dites à M. le Curé de venir me voir ; faites-lui part de ma situation ; qu'il vous console : je n'ai pas la force de lui écrire : quel état ! ô ciel ! mais qu'importe ? ne vais-je pas mourir ?

LETTRE LVII.

Le Curé à Thérese.

Je viens d'avoir avec M. de Saint-Cyran la ſcène la plus vive. Votre pere, ma chere enfant, eſt un homme intraitable ; j'ai vainement eſſayé de le gagner par tous les motifs de l'honneur, de la juſtice & de l'humanité. Je lui ai repréſenté que ſon épouſe avoit donné les mains à l'union qu'il rejettoit ; il s'eſt emporté avec fureur contre votre mere & contre moi ; il a traité des noms les plus inſultans, le zele que j'avois montré pour vous, & il m'a déclaré que ſi ſa fille ôſoit lui déſobéir, la punition la plus ſévere ſeroit le prix de ſa révolte. J'ai laiſſé paſſer ce premier feu; alors prenant la parole, j'ai commencé par lui rappeller l'engagement que j'avois contracté à votre naiſſance de vous ſervir de pere, & les ſoins que lui-même m'avoit chargé de donner à votre éducation. Après avoir bien établi le droit que j'avois d'embraſſer votre défenſe, & de lui parler avec le tendre intérêt d'un tuteur en faveur de ſa pupille, je lui ai demandé s'il vouloit faire le bonheur de ſa fille. Qui en doute, s'eſt-il écrié? j'ai pourſuivi. D'après ces diſpoſitions, comment pouvez-vous former un mariage auſſi mal aſſorti? Il alloit m'interrompre:

j'ai levé la voix : oui, l'homme que vous lui destinez est indigne de sa main : ses mœurs.... vous vous moquez, m'a-t-il dit ; & depuis quand les mœurs d'un homme sont-ils un obstacle à de pareils arrangemens ? S'il ne falloit marier que des Catons, où en serions-nous ? Mon zele s'est enflammé : quoi, Monsieur, vous ne rougiriez pas d'abandonner votre fille au plus vil débauché ! vous ne frémiriez pas d'exposer son honneur, sa vie, sa destinée pour ce monde & pour l'autre ! Est-ce là le langage d'un pere ? Je veux que la corruption du siecle ait fait jetter un voile sur le désordre des mœurs, & qu'un libertin soit accueilli dans la société, quand il s'y produit ſous des dehors aimables : c'eſt-là que chacun, occupé de ſon propre intérêt, donne peu d'attention aux choſes qui l'environnent : c'eſt-là qu'on peut être impunément vicieux, quand on ne fait tort qu'à ſoi-même. Mais vous, pere de famille, vous chargé par la providence de veiller au bonheur de vos enfans, que répondrez-vous à l'arbitre ſouverain, quand il vous demandera compte de ceux qu'il vous a confiés ? J'ai ſacrifié ma fille, lui direz-vous, à des vues de fortune & d'ambition : j'ai fait pour elle un enfer anticipé d'une union créée pour être une félicité terreſtre, & la conſolation de l'homme dans les miseres de la vie. Mais, Monsieur, qu'arrivera-t-il, si vous la forcez d'épouser un homme qu'elle abhorre? Avez-vous prévu tous les dangers de cet hymen & tous les désordres qui vont le suivre? Ne craignez-vous pas d'en être un jour responsable? voyez des enfans malheureux, détestés de leurs parens, vous accuser de tous leurs maux; voyez une épouse languir, se dessécher dans les larmes, & finir sa carriere avant le terme établi par la nature; ou si elle résiste à ses douleurs, voyez la discorde leur souffler une haine immortelle, les séparer avec éclat, les dévouer à la honte du divorce, & les tribunaux retentir du récit ſcandaleux de leurs guerres inteſtines. Je l'ai ramené ſur votre ſituation actuelle, & le trouvant inébranlable, j'ai déployé toute la force de la vérité pour lui faire ſentir qu'il ſortoit des bornes preſcrites à l'autorité paternelle ; que la violence dont il uſoit envers vous étoit contraire à toutes les loix divines & humaines ; qu'il alloit devenir le meurtrier de ſa fille dont la vie étoit dans le plus grand péril, & qu'il s'expoſoit à vous obliger de recourir à la protection des Magiſtrats, s'il continuoit de vous traiter avec une barbarie dont il n'y avoit point d'exemple : je n'ai pas craint d'ajouter que ſi vous embraſſiez ce parti, je ferois le premier à vous ſoutenir ; que je n'avois ni ſon crédit, ni ſa fortune ; mais que j'étois prêt à conſacrer tout mon bien pour une ſi noble cauſe. Sa colere s'eſt rallumée ; il m'a demandé ſi j'étois venu pour l'inſulter : ſans attendre ma réponſe, il s'eſt approché d'une fenêtre, & il a juré que ſi je ne ſortois ſur le champ, il me feroit jetter hors de chez lui. Il a crié d'une voix foudroyante, que ſa réſolution étoit priſe, que rien ne l'en détourneroit ; que tant qu'il lui reſteroit du ſang dans les veines, votre homme ſeroit l'objet de ſes pourſuites ; qu'une lettre de cachet ne tarderoit pas à le venger de l'inſolent qui avoit la témérité d'aſpirer à ſon alliance, & que pour vous, malgré vos protecteurs, il vous enverroit ſi loin, qu'il n'entendroit plus parler de vos folies. A ces mots, il m'a conduit vers la porte, en me déclarant qu'à l'avenir elle ſeroit fermée pour moi. Je lui ai répondu : Monſieur, je reviendrai toutes les fois que mon devoir me rappellera, parce que j'ai promis à votre épouſe de n'abandonner jamais ſon enfant. Vous pourrez m'outrager, me frapper, me jetter hors de chez vous par les fenêtres, comme vous m'en avez menacé, parce que je ſuis un Prêtre infirme, un vieillard foible & ſans défenſe ; mais vous ne m'empêcherez point d'être fidele à ma promeſſe pour la plus vertueuſe des meres & la plus malheureuſe des filles. Au reſte, prenez garde à ce que vous allez faire : nous vivons ſous un gouvernement doux & bienfaiſant où le Souverain lui-même ſe ſoumet aux loix qu'il impoſe. Songez-bien qu'un pere n'eſt le chef de ſa famille que pour la protéger & non pour l'opprimer ; que la juſtice publique a l'œil ouvert ſur ſes démarches, & le bras levé pour l'arrêter, s'il ſort des limites de ſon pouvoir ; ne croyez pas avoir le droit de faire diſparoître à votre gré ce précieux dépôt qui vous eſt confié par la nature, & que les loix ont laiſſé pour un temps ſous votre garde ;

bientôt vous les entendriez tonner pour le réclamer. Ne croyez pas aussi qu'il vous soit facile de troubler la liberté d'un citoyen, & de faire servir à vos ressentimens particuliers les armes de l'autorité destinées contre des maux extrêmes : s'il vous arrivoit de surprendre à ce point la religion du Prince, j'irois me jetter au pied de son trône ; j'y porterois les plaintes de mon ami, de l'honnête homme que vous méprisez, quoi qu'il soit au-dessus de vous : on m'écouteroit ; on seroit touché de voir un pauvre Ecclésiastique accablé d'années, braver les fatigues & les frais d'un long voyage pour sauver l'innocence, & vous seriez deshonoré. Je l'ai quitté en achevant ces mots, bien réſolu de ſuivre le projet que j'annonçois.

Vous voyez quel avenir on vous prépare : M. de Saint-Cyran eſt capable de tout : mais une vérité conſtante, c'eſt que je ſuis à vous, mon enfant, à la vie & à la mort. Si l'on vous perſécute, mon aſyle vous eſt ouvert; venez y chercher le repos. Vous ſavez que ma fortune eſt bornée ; mais ma tendreſſe eſt illimitée, & je me flatte qu'elle vous conſolera de ce que vous perdez. C'eſt votre ami, votre Mentor, votre parrein qui vous parle ; c'eſt un homme blanchi dans les travaux d'un miniſtere vénérable. En vous tenant ce langage, je ſerai blâmé par les esprits vulgaires ; mais en m'efforçant de prévenir ou de repousser votre infortune, je ne puis perdre l'estime de moi-même, & cela me suffit. Si vous préférez une habitation sur les terres de M. de Thémine, je suis chargé de sa part de vous l'offrir : il est indigné, comme moi, de tout ce qu'on vous fait souffrir, & si je ne l'avois retenu, il vouloit aller lui-même vous arracher à vos tyrans. M. de Thémine, en qualité de parent de votre mere, a le droit sans doute de vous prêter son appui, & c'est un défenseur ardent sur lequel vous pouvez compter. Voici le plan qu'il vous trace : dans l'alternative d'épouser le plus vil des hommes, ou de ſubir la vengeance du plus féroce des peres, vous pouvez vous réfugier dans un cloître & réclamer le ſecours des loix; elles ſont les tutrices de l'orphelin à qui la nature ou les paſſions ont ravi ſon pere; elles ſauront qu'une digne mere vous avoit deſtiné pour époux l'homme vertueux qu'on vous refuſe, elles apprendront quel eſt le miſérable auquel on menace de vous vendre: leur ſage équité fixera votre ſort, & vous ſerez libre alors de choiſir une retraite chez l'un ou l'autre de vos amis.

C'eſt à vous, ma chere fille, à vous déterminer; je ne vous donnerai point de conſeil; mais dites un mot & tout s'accomplira ſelon vos vœux.

LETTRE LVIII.

Thérese au Curé.

Ah ! Monsieur ! quelles idées vous réveillez en moi ! Douce & chere espérance ! Seroit-il vrai que je ne t'aurois point perdue ? cette union si désirée pourroit se faire ! mes jours s'écouleroient enfin dans le repos ! j'aurois autour de moi les objets de ma tendresse ! je serois libre & contente ! je ne verserois plus de larmes ! Oh ! non je n'y dois pas songer. Il faudroit quitter la maison paternelle, & le repentir suivroit une pauvre fugitive errante, & livrée à la pitié d'autrui. Je suis pénétrée de vos bontés ; mon cœur, mon trifte cœur en confervera le fouvenir jufqu'au tombeau : je rends grace à M. de Thémine de fes offres généreufes ; mais que devenir au milieu des contrariétés qui m'affiégent ! Je ne vois que des maux & des regrets, foit que je refte ou que je parte : il faut m'attendre à fouffrir, ou les tourmens qu'on me prépare, ou mes propres remords. Qui moi ! moi recourir aux loix, les invoquer contre mon pere ! Ah ! c'eft alors qu'elles devroient punir une fille criminelle ! Non, Monfieur, votre amitié vous emporte & vous ne tarderiez pas à me condamner vous-même. J'irois donc élever dans les tribunaux une voix féditieuſe & me plaindre de ce qu'on me refuſe mon amant ! Juſte ciel ! que la terre s'ouvre plutôt pour cacher ma honte ! Je veux que la patrie écoute un enfant qui peut avoir quelques droits de ſe plaindre ; je veux que les rigueurs employées contre moi paſſent la meſure de l'équité ; je veux enfin qu'on m'accorde la liberté de diſpoſer de mon ſort : mais où fuirois-je, ſi devant mes juges, & dans l'inſtant de ce vain triomphe, je rencontrois les regards de mon pere ? O grand dieu ! ſes regards ! les connoiſſez-vous, Monſieur ? Vous les peignez-vous comme moi ? Ils m'anéantiroient ! ils me feroient rentrer dans la poudre ! je ne verrois plus dans

ce

ce moment que ma révolte : il me faudroit courir jusqu'au bout de la terre, & cette image effrayante m'y suivroit encore. O mon bienfaiteur ! pardonnez si votre fille ose se permettre avec vous des réflexions que vous n'avez pu manquer de faire. Je sais combien de justes raisons viennent à l'appui de votre lettre, & je n'ai que trop de pente à les croire ; mais en vérité, je ne serois jamais heureuse : j'aime mieux souffrir ce qu'on me réserve. Que peuvent-ils me faire de plus, que de m'ôter la vie ? S'ils me tuent, ils abrégeront la durée de mes peines, & je les bénirai de ne m'avoir point fait languir. Je prévois jusqu'où peut aller la vengeance de celui que je frémis de nommer. N'ai-je pas vu l'inſtant où il me fouloit ſous ſes pieds? Ne m'a-t-il pas maudite quand j'étois proſternée devant lui & privée de ſentiment? Sa cruauté peut-elle aller plus loin? Non, j'oſe déſormais le défier, & la terreur de ſes menaces ne peut m'ébranler. Ce n'eſt pas que je regarde comme une erreur de me dérober aux tortures qui m'attendent : la premiere loi, ſans doute, eſt d'obéir au cri de la nature qui nous dit de fuir la douleur ; je ſais auſſi que votre ſublime vertu répugneroit à me propoſer un parti contraire au véritable honneur. Qui mieux que vous peut apprécier la moralité des actions? & penſez-vous que mon foible cœur ne me retrace pas à tous les momens la peinture enchantereſſe d'une félicité que je pourrois connoître? Cet infortuné que je comblerois de joie, n'eſt-il pas là? ne l'entends-je pas, qui me prie, qui me conjure de fuir auprès de vous? Non, non, Faldoni! non, vous avez beau me preſſer; rien ne me fera changer de réſolution! laiſſez-moi mourir; je vous le dis dans la vérité de mon cœur. Je veux que vous viviez; je vous le demande : mais ma courſe eſt faite, & vous n'entendrez plus parler de moi. O mon noble ami! vous le voyez; ma pauvre tête eſt bouleverſée; je ne ſais plus lier deux penſées; je voulois vous remercier de vos bontés, & je m'égare dans un abîme de réflexions qui ne finissent plus. Où en étois-je? que vous ai-je dit? Que je ne pouvois accepter vos secours? Je le voudrois bien! mais croyez-vous que mon pere n'iroit pas me poursuivre dans la retraite où je me serois cachée? Si je le voyois paroître, si j'entendois sa voix, si j'appercevois son ombre.... je mourrois de frayeur! Dites-moi donc si sa malédiction ne perceroit pas le secret de mon asyle? O mon dieu! m'avoir maudite! m'avoir rejettée loin de lui, comme un vil objet de rebut! Mon dieu! vous l'avez entendu, & vous savez si je méritois cet horrible traitement ! Mais me répondez-vous auſſi, Monſieur, que mon cœur n'aura point de remords ? Ah ! voilà ce qui m'épouvante ! j'ai beau réfléchir ſur ma démarche ; il m'eſt impoſſible de la faire. Comment ne pas me repentir ? ſi j'allois affliger mon pere ? je le crains, je le crains ! malgré tous ſes emportemens, je crois que mon pere m'aime. Eh ! pourquoi ne m'aimeroit-il pas ? Je l'ai toujours chéri ! Oui, je me flatte qu'au fond de ſon cœur il ne me hait pas. Jugez quel ſeroit ſon regret d'avoir perdu ſa fille ! j'aimerois mieux verſer mille larmes que de lui en coûter une. Ceſſez donc de vous intéreſſer à mon ſort ! vous m'offrez en vain l'image d'un bonheur qui n'eſt plus fait pour moi ! Il eſt trop vrai que la mort ſeule peut m'ôter le ſouvenir des beaux jours qui me ſont ravis ; mais ſi je me les rappelle, hélas ! ce n'eſt que pour en pleurer la perte. Si vous voyez votre ami, ſuppliez-le de travailler à ſe guérir d'une paſſion malheureuſe. Ah ! Monſieur, quelle conſolation ce ſeroit pour moi, ſi j'apprenois qu'il ne ſe laiſſe point dompter par la douleur ! ranimez ſon courage ! voici le moment de l'exercer. Il eſt homme ; il a des reſſources : mais qui ſuis-je pour lutter contre ma deſtinée ?

LETTRE LIX.

Le CURÉ *à* FALDONI.

J'APPRENDS que vous cédez au découragement ; le chagrin vous accable ; vous fuyez le monde ; vous négligez jusqu'à l'amitié ; ce sentiment qui fait le charme du malheureux, vous éprouve insensible : & moi qui croyois avoir des droits sur votre cœur, vous m'oubliez ! je ne vous vois plus ! Homme infortuné ! viens dans les bras de ton ami verser les larmes du désespoir ! viens ! je les recevrai ; je te consolerai ; je te dirai comment l'ame du sage peut s'élever au-dessus de ses maux. Tant que j'ai cru pouvoir nourrir vos espérances, j'étois ardent à vous servir; mon intérêt ne m'eût pas été plus cher que le vôtre : je parvenois à établir votre félicité sur une base inébranlable : un coup du ciel a renversé tous mes travaux; il faut adorer sa main qui vous frappe; il faut croire que l'accomplissement de vos vœux n'étoit point dans l'ordre éternel de sa providence. N'avez-vous pas été pendant trois mois le plus fortuné des hommes? le temps de la disgrace est venu; apprenez à l'endurer. Hélas! il y a quelqu'un plus malheureux que vous! il m'est affreux de vous en instruire; mais c'est à l'amitié de remplir cette tâche pénible.

J'ai vu Mademoiselle de Saint-Cyran : son désespoir, ses cris, ses larmes, ses sanglots me brisoient le cœur. Je ne crois pas qu'elle puisse long-temps soutenir un état si violent. J'ai vainement essayé de la calmer ; elle ne voyoit ni n'entendoit : le désordre de sa tête passoit jusqu'à son esprit. On dit qu'elle ne parle plus, qu'elle refuse tout aliment, qu'elle appelle la mort : je l'ai trouvée baignée dans les larmes ; elle avoit peine à me reconnoître ; je suis parvenu à me faire écouter un instant ; tout-à-coup il lui survenoit une pensée ; son cœur se gonfloit & ses pleurs recommençoient. Au nom de Dieu, n'ajoutez point à son malheur ! Songez que ſa vie tient à la vôtre, & que vos douleurs ſont les ſiennes. Elle deſire que vous ſupportiez votre infortune ; elle dit qu'elle ſera moins à plaindre ſi elle apprend que vous avez ſoin de vos jours : donnez-lui l'exemple du courage ; efforcez-vous de faire encore ce dernier ſacrifice ; celui que vous avez fait vous rendra tous les autres moins ſenſibles : car je ne dois point vous le cacher ; elle a reçu vos derniers adieux, & vous ne pouvez plus vous attendre à la revoir. Tyranniſée par un pere infléxible, abſolu, violent, qui ne vous pardonnera jamais d'avoir gagné le cœur de ſa fille, elle n'a plus l'eſpérance de vous être unie :

ceſſez d'y prétendre ; ceſſez de nourrir un penchant qui n'auroit déſormais que des ſuites cruelles! Je gémirai toute ma vie de l'avoir favoriſé. Dieu qui voit mon cœur, ſait que je voudrois vous ſervir encore : mais que produiroient contre un pere irrité les ſecours de mon zele? O combien vous adouciriez mes regrets ſi vous renonciez à des ſentimens qui ne peuvent plus vous rendre heureux! Je vous le demande comme une grace ineſtimable. Allons, mon ami! faites un noble effort ſur vous-même ; n'achevez pas la ruine de cette infortunée, en vous obſtinant à conſerver pour elle une paſſion ſans eſpoir : revenez à la tranquille amitié ; cet état est préférable aux troubles affreux de l'amour. Vous êtes jeune ; vous avez toute l'énergie de votre âge ; vos sens ne sont point flétris par le vice ; votre ame a conservé l'instinct de l'honneur, & la vertu vous est encore chere. Regardez autour de vous ; le monde vous ouvre son théâtre : assez & trop long-temps vous avez enfoui vos talens ; il faut les tirer de l'oubli : spectateur insensible, sortez enfin de cette triste apathie ; rentrez dans la classe des êtres ; allez prendre un rang dans la société, & lui payer la somme de travaux qu'elle impose à tous ses membres. Serez-vous le seul immobile au milieu de ce mouvement universel ? N'est-il pas temps d'agir & de féconder le germe des ſentimens ſublimes que le ciel mit en vous ? Combien de fois n'ai-je pas vu vos yeux émus au récit des actions généreuſes ? Vous brûliez de les imiter ; vous portiez envie à ces grands hommes que l'enthouſiaſme éleva au-deſſus des ſcènes vulgaires de l'humanité ; un tranſport divin vous faiſoit treſſaillir aux tableaux immortels de leur gloire. Croyez-vous qu'ils n'avoient point appris à ſe vaincre ? Leurs cœurs étoient-ils moins ardens que le vôtre ? l'amour les avoit-il épargnés ? Ah ! ſans doute ils étoient livrés à tous les orages de la vie : mais ils fouloient aux pieds les paſſions enchantereſſes ;

ils repouſſoient la volupté ; ils s'arrachoient aux ſéductions de l'amour ; la vertu les embrâſoit ; ſon divin modele étoit devant leurs yeux ; ils ne voyoient que lui, & pour l'atteindre, ils marchoient ſur les flammes. Loin de moi toute philoſophie auſtere qui n'accorde rien au plaiſir ! vous avez vu ſi j'approuvois ce Stoïciſme inſenſé qui fait de l'homme un enfant de douleur, & de la vie un cercle étroit de peines, de combats & de travaux. Tout le monde auſſi n'eſt pas né pour l'héroïſme ; il eſt peu de ces ames privilégiées qu'un feu céleſte emporte au-delà des routes battues : le grand art de la vie eſt de ſavoir trouver les vraies limites des choſes, & de revenir ſur ſes pas quand on les a franchies. Ne jugez point de l'avenir par le préſent ; vous ne ſerez point toujours affligé ; vous ne ſerez point toujours amant : un temps viendra que le délire de votre imagination ſera calmé, que les illuſions de votre cœur s'évanouiront comme un ſonge, & que cette fiévre d'amour fera place au ſommeil de vos ſens : alors vous regretterez les momens trop chers perdus dans le molleſſe & dans l'oubli de vos devoirs : vous regretterez d'avoir ſi peu vécu & d'être chargé d'années : vous pleurerez ſur une fille imprudente dont vous avez fait le malheur, ſur un ami que vous n'avez pas écouté, & qui ne ſera plus le témoin de vos regrets. Je vous conjure de ſuivre mes avis, tandis qu'il me reſte encore quelques heures à paſſer ſur la terre : vous ne m'aurez plus long-temps : vous voyez que je gagne à grands pas ma derniere demeure. Oh ! ſi je pouvois vous laiſſer paiſible & délivré de vos chaînes, je m'en irois plus content. O mon cher fils ! ayez pitié de ma vieilleſſe ! ne me laiſſez pas emporter au tombeau l'affreuſe penſée d'avoir aidé à votre illuſion ! Que feriez-vous déſormais de cette erreur ? Il faut la rejetter ; il faut ſonger à vivre & donner à la vertu toutes les forces de votre ame que l'amour avoit uſurpées. J'attends de vous cette victoire : mais ſi vous trompez mon eſpérance, vous couvrirez mes cheveux blancs d'un deuil éternel, & vous aurez fait un malheureux de plus.

LETTRE LX.

Thérese à Constance.

Et toi aussi tu m'abandonnes ! le seul être qui pouvoit m'entendre est loin de moi ! O ma chere Constance ! pourquoi m'as-tu quittée ? Hélas ! les malheureux sont seuls ; l'air qui les environne est empesté ; tout s'en éloigne : mais toi ! toi, ma fidelle amie ! devois-tu me laisser en proie à mes bourreaux, livrée à tout ce que la tyrannie a de plus barbare ? Je ne suis plus au monde ; une prison, des menaces, des persécutions, des larmes, voilà le partage affreux de mes jours & de mes nuits ! Eh, grand dieu ! faut-il que parmi tant d'horreurs, cette image adorée me pourſuive encore ! O Faldoni ! Faldoni ! qu'avez-vous fait ? pourquoi m'avez-vous aimée ? J'étois tranquille, heureuſe ; mes jours s'écouloient dans la paix de l'innocence : vous avez porté dans mes entrailles l'ardeur qui les conſume ; vous êtes venu comme un incendiaire embrâſer un cœur trop ſenſible ; vous avez troublé mon eſprit, égaré ma raiſon, bouleverſé mes ſens, & me voilà perdue ! un feu dévorant court dans mes veines. Un délire fougueux me tranſporte. Devoir, religion, ſageſſe, tout me manque à la fois. Où fuirai-je loin de vous ? Ces parens cruels ont étouffé la voix du ſang ; ils m'ont traitée comme la fille de l'étrangere ; ils m'ont repouſſée de leurs bras. Les inſenſés ! en croyant vous nuire, ils vous ſervoient ; ils m'auroient forcée de vous aimer ſi j'avois pu balancer. Et cette tendre mere ! hélas ! elle ne vit plus ; elle n'eſſuyera plus mes larmes ; ſa voix conſolante n'ira plus chercher au fond de mon cœur un reſte de joie. Ah ! ſi elle ſavoit ce qu'on me fait ſouffrir, ſi elle entendoit mes plaintes, je la verrois ſortir de ſon tombeau pour me défendre : elle iroit ſecouer ſon linceuil ſur la couche où elle me donna le jour, & porter le remord dans l'ame de mon perſécuteur. On a renvoyé ma pauvre Deſchamps : elle m'aimoit trop ; il me faut des ſurveillans qui ne me ménagent point ! on a placé près de moi une fille qui ne me quitte pas plus que mon ombre. Je prends pour t'écrire le temps de ſon ſommeil ; & pour te faire tenir ma lettre, il me faudra recourir à mille petits moyens : j'ai honte en vérité de tous ces vils myſteres ! voilà pourtant à quoi je ſuis réduite ! Ma chere Lolotte qui me conſole & me ſert de toute ſon ame, eſt parvenue à gagner le vieux Concierge : ce bonhomme s'eſt chargé de mes commiſſions. S'il faut te l'avouer, mon amie, je ſens que je n'en aurai pas long-temps beſoin : ils ont épuisé sur moi la coupe de la douleur. Depuis ton départ, j'ai vu tant de fois la mort que j'y suis accoutumée. Mais ce pauvre délaissé ! que devient-il ? comme il doit souffrir ! Je ne lui écris plus ; je n'entends plus parler de lui. O ! cousine ! quel ami j'ai perdu ! avec quelle tendresse il aimoit ! où trouver des cœurs comme le sien ? Non, non ; il n'en faut pas chercher. Nous étions si prés du bonheur ! quels projets nous faisions pour l'avenir ! quel brillant horison s'offroit à nos espérances ! La mort est venue ; elle a soufflé sur ces fantômes, & l'enchantement a disparu ! Le monde ne m'offre plus qu'un désert couvert de ruines ;

là c'étoit un palais, ici des jardins ; on foule des tombeaux ; on passe à travers des ronces & on arrive par des chemins affreux aux bords d'un vaste abîme où tout va s'engloutir. Eh bien ! cet abîme, il est tout près ; je le vois ; j'y touche, & je ne sais quel mouvement inconnu me pousse à m'y précipiter. Je roule dans ma tête les desseins les plus noirs.... Hélas ! quand je quitterois le monde, ma place seroit bientôt remplie. On serre les files, a dit quelqu'un, & il n'y paroît plus. Mon pere va partir pour Paris ; il me laisse entre les mains de ma duegne, & dans un mois il amenera l'odieux personnage qui doit m'acheter. Mais crois-moi, chere cousine ; ce mariage ne se fera pas ; c'est un point immuablement arrêté dans mon ame : il y a dans ce mois une infinité d'instans qui peuvent produire des événemens inattendus. Il me seroit impossible de fuir ; je suis renfermée dans ma chambre, & je n'en sors que pour aller à la messe ; encore y suis-je gardée. Cependant quand j'aurois la liberté de m'échapper, je sens que je ne pourrois m'y résoudre ; l'opprobre me suivroit, & je tiens du moins à la vie par le sentiment de l'honneur : mais le pis aller seroit de mourir. Eh, mon dieu ! ils n'ont pas beaucoup à faire pour m'achever.

LETTRE

LETTRE LXI.

FALDONI à THÉRESE.

IL faut que je vous écrive ; il faut que mon cœur se soulage ; ce sont les derniers mots que j'oserai vous adresser : ne me faites pas un crime de violer votre défense ; les malheureux sont excusables : on m'a tout ravi ; il ne me reste que des plaintes ; elles me sont bien permises ! Il fut un temps où les expressions de l'amour couloient de ma plume avec une douce abondance. Mon ame enchantée ne créoit alors que des images riantes ; la joie animoit mes pensées, & le sentiment de mon bonheur ſe répandoit ſur mes lettres: Aujourd'hui je ne ſuis plus le même ; je ne ſuis plus cet amant fortuné que vous attiriez juſqu'à vous ; mon empire eſt fini ; mon trône eſt tombé ; c'eſt du ſein de mon néant que je vous fais entendre une humble voix. O Thérеſe ! eſt-ce vous que j'aimois ! eſt-ce moi qui étois tout, & qui ne ſuis plus rien ! affreuſe révolution ! je meſure avec horreur l'eſpace que j'ai franchi ; je me compare à l'ange de ténébres précipité du ciel. De quelle région charmante je ſuis revenu ! que d'illuſions détruites ! je les ai revus tous ces lieux que vous embelliſſiez ; je leur ai dit mes derniers adieux ; je me ſuis proſterné ſur la terre que vous aviez foulée ; je l'ai baiſée en ſanglottant, & je me ſuis écrié : ô terre ! je ne te verrai plus !.... Il va donc vous ſacrifier ce pere barbare ! il vous vendra au poids de l'or ! Cette monſtrueuſe union doit ſe conſommer, & moi, je la verrai d'un œil tranquille ! & je n'invoquerai pas toutes les foudres du ciel contre un hymen formé au mépris des engagemens les plus ſacrés ! Non ! que l'enfer s'ouvre pour les engloutir les profanateurs de nos ſermens ! que le feu conſume juſqu'à leurs traces ! Mais, Thérese ! tu ne peux pas le ſubir cet hymen ; tant que je vivrai, tu ne le peux pas : ta foi m'eſt engagée ; le ciel & la terre le ſavent. Attends que je sois mort ; attends que ma poussiere soit abandonnée aux vents, & qu'ils l'emportent avec les sermens que tu m'as faits ! je ne tarderai pas long-temps à te rendre libre. Vivrai-je en effet, pour voir un pere indigne de ce nom signer ton malheur, & le plus vil mortel passer dans tes bras ? vivrai-je pour aller végéter dans le fond d'un désert, avec un cœur desséché, une ame sans ressort, des sens flétris, & une jeunesse usée par la douleur ? Fatiguerai-je le ciel de mes plaintes & les hommes du récit de mes maux ? Le ciel m'a délaissé : les hommes n'écoutent gueres l'infortuné ; ils ont bien autre chose à faire ! le temps que je leur déroberois feroit pris fur leurs plaifirs, & ils font preffés de les goûter. A quelle porte irai-je frapper pour trouver le bonheur? faut-il encore le mendier pour quelques miférables jours, & faire baffement ma cour à la deftinée? Non, mon amie! je l'ai réfolu; je veux mourir. Je veux fortir de ce monde odieux où les diftinctions, les honneurs, les rangs, les richeffes, l'eftime, la renommée font pour le vice; où l'honnête homme fe traîne dans la boue & cache fous des haillons une ame immortelle. Quand le génie de Brutus ou de Caton refpireroit dans un corps vulgaire, fi la fortune ne le porte fur fa roue, il vivra méprifé, pauvre, obfcur,

& mourra dans l'oubli. Il faut ſe plier pour monter ; il faut s'avilir pour briller ; il faut avec un front d'airain porter un cœur de glace. Travaillez ! ſuez ! amaſſez de l'or ! faites-vous riches ! & qui oſera vous reprocher d'avoir opprimé la veuve & l'orphelin, d'avoir bu le ſang du peuple & bravé ſes cris ? Qui ſaura que vos premiers pas vous ont couvert d'opprobre, & que vous rampiez devant les idoles de jour ? vous voilà ſur le faîte, & vos dédains vous vengent de ceux qu'il vous a fallu dévorer ! Non, non, j'aime mieux mourir que de voir des atômes enflés de vent s'élever ſur ma tête & me fouler aux pieds. Qui ſont donc ces orgueilleux reptiles, &

qu'eſt-ce qu'un quidam ? c'eſt un lâche inconnu à la vertu & qui n'a d'autre enſeigne à ſa porte que les armoiries de ſes ancêtres. Ce qui me conſole, c'eſt que leurs titres ne les ſuivront pas au tombeau ; ils y deſcendront nuds & pauvres comme moi, & c'eſt alors que j'aurai le plaiſir de me placer au-deſſus d'eux. Le monſtre qu'il eſt ! n'oſe-t-il pas dire que je vous déshonore ! Ah ! tout mon ſang bouillonne ; je frémis ; je brûle de rage & je ferois tenté d'aller lui déchirer le cœur ! mais ce monſtre eſt ton pere.... O Thérefe ! pourquoi faut-il qu'il ſoit ton pere ?.... & vous voulez que je vive ! vous voulez que je reſpire le même air que lui ! Reſterai-je ſur une terre qui le ſupporte? Attendrai-je qu'il l'ait délivrée de ſon fardeau pour être heureux? Vain eſpoir! il vieillira le barbare, & vous languirez encore dans les fers de ce tyran, quand un lit de pierre péſera depuis long-temps ſur le corps de votre ami. Que puis-je faire au monde? Je ne ſuis ni intrigant, ni flatteur, ni fourbe, ni méchant; mon cœur eſt ſur mes levres; mon pied tremble d'écraſer un inſecte; un atôme ſouffrant me fait gémir; je ne rencontre pas un infortuné que le ſentiment de ſes maux ne vienne fondre ſur mon ame; je me crois le plus petit des hommes, & j'oſe à peine commander au valet qui me ſert. Avec ce caraċtere, il faut fuir le genre humain & ſe ſauver dans les rochers du nouveau monde : mais c'eſt un pays que j'ai vu ; je n'y retournerai plus : j'y marcherois ſur le tombeau de mes bienfaiteurs, & j'irois ajouter des regrets à des regrets. Eh ! quel eſt le déſert, quel eſt le climat ſi lointain qu'il puiſſe être, où je ne porte la plaie ſanglante que tu m'as faite ! Beauté chere & terrible ! image d'un Dieu bienfaiſant & ſévere ! tourment, délice, enchantement de mon cœur ! ange ou divinité que j'adore ! Toi, mon amante, ma compagne, mon épouſe ! tu peux me dire de t'oublier ! tu me défends de te voir & de t'écrire ! tu me chaſſes loin de toi, & tu veux que

je vive ! Ah cruelle, cruelle Thérese ! impitoyable amie ! je ne te verrai donc plus ! je ne te parlerai plus ! tu cesseras d'exister pour moi ! O douleur ! ô désespoir ! ô fureur qui me transporte ! va ! laisse-moi finir ma misérable vie ! laisse-moi mourir en pleurant l'instant où je t'ai connue ! laisse-moi verser des larmes de sang sur ces écrits doux & trompeurs où tu me peignois ton amour ! Les voilà ces lettres brûlantes ! rien ne peut m'en séparer : je les tiens sur mon cœur : je les couvre de baisers : je les conjure d'être fideles à leur promesse : je répete avec elles ces paroles si tendres ;
» toi qui me fus cher & qui me
» le seras jusqu'au dernier sou-

» pir.... » & vous ajoutez : « ne » ſoyons plus rien l'un à l'autre ! » Ah ! vous ne pouvez ceſſer de m'aimer qu'en ceſſant de vivre. Il vous ſeroit impoſſible de porter à d'autres une foi qui m'appartient. Le ciel, la terre, toute la nature s'écrouleroit plutôt que de vous voir changer. Je connois bien votre ame : l'inconſtance & la perfidie n'y peuvent entrer : elle eſt au-deſſus des variations de l'humanité ; elle eſt immuable comme Dieu même ; elle n'a comme lui qu'une penſée qui embraſſe tous les temps, & je me flatte d'en être l'objet. Oh ! mourons, ma chere Thérefe ! mourons enſemble ! il me ſera doux, en quittant la terre, de ne pas vous y laiſſer,

O ciel ! concevez notre bonheur ! plus de persécutions ! plus d'obstacle ! un Dieu protecteur de l'innocence & bienfaiteur des hommes ! le pere commun de tous les êtres qui fera grace à nos foiblesses, & sera touché des maux que nous avons soufferts ! O mon amie ! nous la reverrons cette tendre mere que vous pleurez ; elle nous conduira aux pieds de l'éternel, & réclamera pour nous sa bonté souveraine : elle lui présentera ses enfans qui n'ont pu trouver d'asyle sur la terre, & qui sont venus se refugier auprès de lui. Ce grand Dieu, ce Dieu de clémence pourroit-il nous faire un crime d'avoir hâté le moment de retourner dans son sein ? Non, ma Thérese ; un crime eſt une action contraire à l'ordre : mais nous ne ferons de mal à perſonne ; nous gliſſerons ſans bruit dans la tombe, & nous ne laiſſerons aucun vuide : tout n'en ira pas moins ſuivant le branle ordinaire ; les méchans n'en feront pas moins oppreſſeurs ; les bons n'en feront pas moins victimes. Dieu nous punira, diſent-ils ! Dieu punira les hommes cruels, les parens tyranniques : mais nous hélas ! qu'avons-nous fait pour ſubir ſes vengeances ? En nous aimant, nous rempliſſions ſa volonté ; nous nous laiſſions doucement aller au penchant de la nature, & nous ſemions notre route de quelques fleurs ; nos jours étoient pleins de l'Être ſuprême ; nous l'appellions dans la jouiſſance de nos plaiſirs ; nous aimions à ſentir, à penſer, à parler en ſa préſence. Combien de fois dans des momens de félicité, n'avons-nous pas élevé jusqu'à lui nos vœux reconnoiſſans ? Nous le béniſſions de notre amour ; il recevoit nos ſermens ; il étoit témoin de notre foi mutuelle ;..... oui, croyez-moi, Thérèſe ! il les a reçus nos ſermens, & ſi vous les trahiſſiez, il n'y auroit plus pour vous de paix ni de bonheur : vous ſeriez à jamais tourmentée du ſouvenir de votre ami : ſon ombre pâle & ſanglante, au milieu de vos triſtes nuits, viendroit vous faire entendre le cri de ſa douleur : vous la verriez errer autour de vous dans les ſombres vapeurs de l'automne, aux clartés de la lune, & près de votre couche nuptiale : la frayeur vous arracheroit des bras de votre vil époux.... de ce lâche qui s'obſtine à pourſuivre un cœur qu'on lui refuſe..... Ah ! ce nom ſeul réveille toute ma rage. . . . adieu ! je veux mourir ! mais toi ! vis ! vis pour le bonheur du monde ! vis pour conſerver ſur la terre l'image de la vertu : ſi tu meurs, où ſera-t-elle ? O mon amie ! quelle barbarie à moi d'oſer vous propoſer de me ſuivre ! c'étoit l'amour, la jalouſie, le déſeſpoir qui me faiſoit parler : vous, parée de tous les dons de la nature, chere à toute une ville, l'idole

& l'appui des malheureux, dans la fleur de l'âge, vous consentiriez de mourir avec moi ! Ah ! pardon ! la douleur m'égare ; ma main court sur le papier comme une insensée ; je pleure ; je m'écrie ; je me leve ; je marche en furieux ; je reprends la plume, & chaque mot est baigné de mes larmes. Adieu ! adieu ! mon amie ! je pars ; je m'en vais devant vous ; j'irai vous attendre, & je suis sûr de vous revoir.

LETTRE LXII.

THÉRESE à FALDONI.

Vous croyez donc que nous nous réunirons dans cette nuit obſcure & terrible !.... Eh bien, mon ami ! venez, & nous mourrons enſemble. Comment pourrois-je conſentir à vous laiſſer aller ſeul, moi qui ne chériſſois la vie que pour vous ! Hélas ! tu ſais que j'aurois voulu l'employer à faire ton bonheur ! O mon bien aimé ! viens, je t'attends, & je ſuis prête à te ſuivre : avec toi, je conſens d'être à jamais malheureuſe ou fortunée. Que m'importe mon ſort dès que je partagerai le tien ? pourrions-nous être ailleurs plus miſérables que nous le ſommes ? Si nous ſouffrons, du moins nous ne nous quitterons plus. Mais penſez-y mûrement ! je n'examine point ſi nous commettons un crime, ſi ce crime outrage la nature & les loix, s'il nous expoſe à d'éternelles douleurs : ſuis-je en état de rien voir ? Ma foible raiſon m'a quittée ; elle me quitta quand j'ouvris mon cœur à l'amour : il me reſtoit encore un peu de ſens & de lumiere ; mais les maux ont achevé de me l'ôter. Je ne vois plus qu'un pere menaçant, & l'affreuſe union qu'il me deſtine, & vous, mon ami, & l'excès de votre infortune, & la foi que je vous ai promiſe :

toutes ces idées me jettent dans la fievre du délire. Comment échapper à mon ſort ? Si j'étois ſeule malheureuſe ! Mais l'être avec vous, mais ajouter le parjure à ma miſere ! je n'y pourrois ſurvivre ; je mourrois plus tard, & nous ne ſerions plus enſemble. Qu'eſt-ce que dix ou vingt ans de plus ſur ma tête ? ils ſont courts pour le bonheur ; mais qu'ils ſeroient longs pour la peine ! O mon ami ! j'ai toujours regretté de n'avoir pu m'unir à toi. De quel amour j'aurois payé le tien ! dans quelle harmonie céleſte auroient coulé nos jours ! Non, tant de félicité nous eût fait goûter ſur la terre la condition des anges, & nous ne devions pas l'eſpérer. Qu'ils vivent donc ces hommes cruels dont nous sommes les victimes ! qu'ils vivent, & puissent-ils jouir de tous les biens qu'ils nous ravissent ! Ce sont les vœux que je fais en les quittant ! Veuille aussi ce Dieu de bonté que nous offensons peut-être, avoir pitié de nous ! Je le conjure de nous faire grace ! je lui demande à genoux de laisser arriver jusqu'à nos levres ce calice d'amertume qu'il a bu lui-même, & de pardonner à la fragilité humaine de rejetter loin d'elle un fardeau qui l'accable.... Adieu, mon ami.... adieu ! je vous reverrai donc une derniere fois !.... Ce sera Dimanche. Mon pere est absent : mais il va revenir, & l'occasion pourroit ne plus s'offrir. Venez à huit heures, à la messe de la Chapelle : ayez soin de vous déguiser pour n'être pas reconnu, & de vous cacher dans la foule des villageois : je serai dans la tribune ; je laisserai sortir tout le monde ; j'éloignerai nos gens ; & alors.... ô mon cher Faldoni !.... songe à cette séparation redoutable qu'un avenir plus affreux peut suivre encore ! O mon dieu ! si nous ne devions plus nous voir ! si un silence éternel, une nuit immense alloit nous envelopper sans retour ! si l'adieu que je te dirai en recevant de toi le coup de la mort, étoit le dernier ! Cette pensée me glace d'effroi !... Allons ! soutenons notre courage !

Ils nous verront les barbares qui nous perſécutent ; ils nous verront frappés l'un par l'autre ; ils verront les ruiſſeaux de notre ſang couler & ſe confondre ; ils gémiront d'en être cauſe, & le remord les ſaiſira.

LETTRE LXIII.

La Femme-de-Chambre de Thérese, au Comte de Saint-Cyran.

Monsieur,

J'ai à vous annoncer un grand malheur. Mademoiselle Thérese & M. Faldoni se sont tués ce matin dans la Chapelle. Je suis si troublée que je ne sais comment vous faire ce récit. O Monsieur ! quel désastre, & qui est-ce qui auroit pu le prévoir ? Mademoiselle paroissoit si tranquille ! hier samedi, elle distribua, suivant sa coutume, quelqu'argent aux pauvres du village, & elle leur disoi-

de prier pour elle. On lui présenta deux petits enfans qui étoient orphelins ; elle les plaça chez le Concierge, lui recommanda de les élever & promit de payer leur pension. Il vint une vieille femme chargée d'une nombreuse famille, & dont le mari avoit été mis en prison pour une cause très-légere : elle écrivit elle-même à M. le Bailli pour demander sa grace : elle se retira ensuite dans son appartement. Comme Monsieur m'avoit défendu de la quitter, je la suivis : elle fut deux heures à faire des lettres, & descendit quand on sonna le dîner. Elle trouva M. le Vicaire à qui elle parla long-temps en particulier. M. le Vicaire nous a dit aujourd'hui d'hui qu'elle lui avoit remis alors une ſomme de vingt-cinq louis pour la diſtribuer dans la paroiſſe. En viſitant ſon bureau qu'elle a laiſſé ouvert, nous avons reconnu que c'étoit tout l'argent qui lui reſtoit. Pendant le dîner, on obſerva qu'elle changeoit ſouvent de couleur. M. le Chapelain la trouva diſtraite : elle rêvoit profondément ; puis, tout-à-coup, elle s'agitoit comme pour rappeller ſes eſprits. Elle ne mangea qu'un peu de crême. Quelqu'un ayant parlé d'un homme qu'on avoit tué ſur le chemin de la forêt, elle pâlit & friſſonna : mais cette émotion ne parut point étrange, parce qu'on l'avoit vu s'affecter ſouvent juſqu'aux larmes à de pareils récits. On présumoit que cet homme s'étoit battu en duel, parce qu'on ne l'avoit point volé : il avoit la poitrine percée, & son épée étoit auprès de lui. L'entretien fut long-temps sur cette histoire. Mademoiselle qui n'avoit encore rien dit, impatientée des réflexions morales de ces Messieurs, demanda s'il n'y avoit pas des milliers d'hommes qui se faisoient tuer dans les combats, & dont on ne parloit point. Ils meurent pour leur Roi, ajoutoit-elle ; eh bien ? celui-là peut-être est mort pour l'honneur qui vaut bien un Roi ; & regardant sa sœur ; & toi, Lolotte, ne voudrois-tu pas mourir pour moi ? Mademoiselle Lolotte se leva & se jettant dans les bras de Mademoiſelle ; oui, ma ſœur, lui dit-elle, avec l'expreſſion la plus tendre ; oui, je vous donnerois tout mon ſang, ſi vous le demandiez. Mademoiſelle la repouſſa doucement de ſes bras, & dit en détournant la tête pour pleurer ; tu es une petite folle ! & elles s'embraſſerent. M. le Chevalier avoit dîné dehors, & l'après-midi, il fit ſeller ſon cheval pour aller paſſer quelques jours à Lyon. Ses piſtolets avoient été placés ſur une table, dans le ſallon : Mademoiſelle y entra & les trouva ; elle en prit un, & demanda froidement à M. ſon frere comment on ſe ſervoit de cette arme. Il lui montra des balles & de la poudre : elle reſta quelques minutes à les regarder fixement ; puis d'un air tranquille, elle porta le bout du piſtolet ſur ſon front : n'eſt-ce pas ainſi, dit-elle, qu'on prend congé de la vie? Fi donc, lui dit M. le Chevalier, on croiroit que tu veux nous quitter ! Si cela étoit, reprit-elle toujours avec le même ton, je laiſſerois bien des gens étonnés ! Elle le feroit comme elle le dit au moins : & il continua de plaiſanter. Comme il alloit monter à cheval, ne veux-tu pas que je t'embraſſe, dit-il à Mademoiſelle? Il la ſerra tendrement dans ſes bras, & Mademoiſelle ſe mit à fondre en larmes. Il poſa ſon fouet ſur une table, prit la main de ſa ſœur & la conduiſant ſur un sopha, il s'assit auprès d'elle : nous te causons du chagrin, lui dit-il ; mais aussi pourquoi cette obstination ? pourquoi refuser l'époux qu'on te propose ? quelle folie à toi de t'enmouracher d'un inconnu ! Mon frere, répondit Mademoiselle, vos questions ne sont pas raisonnables : demande-t-on à un malade pourquoi il a la fievre ? Au surplus tout est fini entre nous sur ce point ; n'en parlons plus. Je le veux, reprit M. le Chevalier, mais tu n'en seras que plus à plaindre. Pour moi, tu sais que je ne peux rien dans tout cela : si je t'ai quelquefois tourmentée à cette occasion, je t'en demande pardon ; embrassons-nous ; oublions le passé, & fais à l'avenir tout ce qu'il te plaira : je te promets de ne m'en plus mêler. Cependant je ne puis m'empêcher de t'avertir que tu te prépares bien des peines ; car tu connois mon pere : il eſt abſolu & il aimera mieux te voir morte que déſobéiſſante. Mademoiſelle écoutoit, la tête baiſſée ; elle mit le doigt ſur ſa bouche, comme pour s'empêcher de parler : puis ſe levant, adieu donc, mon frere ! & elle lui préſenta ſa joue qu'il preſſa de ſes lèvres. Quand il fut parti, elle le ſuivit des yeux juſqu'au bout de l'avenue ; puis elle rentra, & ſe remit à pleurer. Elle reſta juſqu'au ſoir, aſſiſe ſur la même place, & la tête appuyée ſur ſes mains. Il commençoit à se former un orage épouvantable qui a duré toute la nuit. Le vent siffloit dans les voûtes du château avec un bruit qui inspiroit la terreur ; la grêle frappoit contre les fenêtres ; on entendoit le mugissement des montagnes éloignées. Nous étions tous rangés auprès du feu : on proposa des jeux ; on folâtra ; on rit, & on oublia l'orage. Mademoiselle étoit de notre partie : elle eut un gage à payer, & on lui commanda de déclarer à quoi elle pensoit : elle répondit, à demain. Nous ne fîmes pas d'attention à ce mot, & le jeu continua gaîment. Elle ne voulut pas souper, & se retira de bonne heure dans sa chambre. Quand je montaï, elle lisoit; je lui demandai si elle vouloit se coucher : elle me répondit qu'elle ne s'en soucioit pas, que l'orage l'empêcheroit de dormir, & qu'elle aimoit mieux rester levée jusqu'à ce qu'il eût cessé. Mademoiselle Lolotte vint frapper à sa porte, disant qu'elle avoit peur d'être seule. Quand elle fut assise, elle conta à Mademoiselle qu'en traversant la cour sans lumiere, elle avoit vu un revenant, qu'il étoit couvert d'un long voile, qu'elle croyoit avoir reconnu sa bonne maman, que le fantôme s'étoit élevé en l'air comme une vapeur, & avoit été se perdre du côté du cimetiere. Mademoiselle sourit de sa frayeur, & elle pleuroit en même temps au ſouvenir de Madame. Aurois-tu bien de l'effroi, dit-elle, ſi quelque nuit mon ſpectre alloit auſſi te ſurprendre ? Oh ! c'eſt tout différent, reprit Mademoiſelle Lolotte ; vous n'êtes point morte, & puis, tenez ma ſœur, ſous quelque forme que vous veniez, vous ſerez toujours bien reçue : car vous êtes ſi bonne, que vous ne pourriez jamais me faire de mal ! Eh bien, ajouta Mademoiſelle, attends-moi demain ; entends-tu ? demain, à cette heure-ci. Oui, oui, diſoit ſa ſœur ; vous viendrez dans ma chambre, me rendre la viſite que je vous fais ; & elle ſe mit à la careſſer. Donne-moi ma harpe, dit Mademoiſelle ; il y a un air qui me roule dans la tête depuis une heure ; il faut que je le chante. Elle prit sa harpe, & chanta une romance fort triste ; elle répéta plusieurs fois le couplet suivant :

Vivons, mourons l'un pour l'autre ;
Il ne faut plus nous quitter :
Qu'un seul trépas soit le nôtre :
Qu'aurons-nous à regretter ?

Elle laissoit tomber quelques larmes en chantant ces paroles, & sa sœur s'empressa de les essuyer. La vilaine chanson que voilà, lui dit-elle ! vous êtes bien en train de pleurer, ma sœur ! vous ne vous plaisez que dans des idées affligeantes ! Mademoiselle l'interrompit : veux-tu passer la nuit avec moi ? tu te leveras plus tard.

Oui ! dit Mademoiselle Lolotte ; & la messe qu'on dit à huit heures ! ne faut-il pas l'entendre ? A ce mot de messe, Mademoiselle se leva brusquement, & elle marchoit à grands pas dans sa chambre. Eh bien, dit-elle, après quelques momens ; allez-vous-en, ma chere amie, allez ! j'ai besoin d'être seule. Sa sœur s'en alloit : elle la rappella : non, non, ma petite ! reste avec moi ; reste encore un peu ; nous ne serons pas toujours ensemble ; & les larmes rouloient dans ses yeux. Je t'enverrai coucher de bonne heure, afin que demain tu sois prête pour la messe. — Mais, ma sœur, vous n'y serez donc pas, vous, si vous passez la nuit ? car il faudra bien dormir le matin. — J'y ferai, ma chere ! oh ! certainement, j'y ferai ! & puis, comme tu dis, je dormirai le matin. A ces mots elle recommença à frédonner la romance, en tirant quelques sons de sa harpe. Mais ne frappe-t-on pas, dit-elle ? j'entends du bruit à la porte. C'étoit le vent qui souffloit. Mademoiselle Lolotte frissonnoit déja, car la crainte du revenant ne la quittoit point : voilà, disoit-elle, une terrible nuit ! Oui, répondit Mademoiselle ; il y a des jours qui ne le sont pas moins ! L'orage ayant cessé à deux heures, Mademoiselle renvoya sa sœur après l'avoir embrassée cinq ou six fois : elle se coucha & s'assoupit. Ce matin je ſuis entrée chez elle à ſix heures pour l'habiller ; elle m'a demandé ſa robe blanche de ſatin des Indes : je lui ai dit qu'elle avoit gardé cette robe pendant tout le printemps, & une partie de l'automne, & qu'elle n'étoit plus portable. C'eſt une fantaiſie, a-t-elle dit ; je veux la mettre encore une fois. Elle ne ceſſoit de jetter les yeux ſur ſa montre : elle a ouvert la fenêtre : il faiſoit encore nuit ; le temps s'étoit éclairci, & l'on voyoit briller les étoiles. Elle s'eſt appuyée contre la croiſée, & a tenu la vue fixée ſur la plaine : elle marquoit un peu d'émotion, quand elle entendoit les pas de quelques voyageurs. Elle s'eſt promenée dans ſa chambre ; elle s'eſt aſſiſe ; elle a fait faire du feu, a pris un livre, l'a quitté ſur le champ, a fait ſervir ſon déjeûner, s'eſt levée ſans y avoir touché, & s'eſt remiſe à la fenêtre où elle a regardé les premieres approches de l'aurore. Tout cela ſe paſſoit en ſilence : elle ne parloit que pour me donner ſes ordres. Quand le premier coup de la meſſe a ſonné, elle a pâli ; elle s'eſt fait apporter un verre d'eau, & ſa main trembloit en le prenant. J'imaginois bien qu'elle étoit fortement occupée de quelqu'idée extraordinaire, & je me promettois de la ſurveiller exactement pendant la journée. En rapprochant les circonſtances de la veille, je me confirmois dans ce projet : mais je n'aurois jamais pensé que j'en eusse un besoin si pressant. Au dernier son de la cloche, je l'ai conduite à la Chapelle : elle a d'abord jetté un coup-d'œil sur l'assemblée, & n'a plus levé les yeux de dessus son livre. Après la messe, elle m'a dit qu'elle avoit encore quelques prieres à finir, & m'a chargée de ramener sa sœur, ajoutant qu'elle prendroit le bras d'un domestique pour s'en aller. Tout le monde étoit sorti, & je m'inquiétois de ne pas la voir revenir : j'avois recommandé qu'on ne s'éloignât point, & les gens causoient, en l'attendant, avec des fermiers du village rassemblés devant la porte de l'Église.

Tout-à-coup j'entends des cris affreux ; j'entends dire : Mademoiſelle eſt morte ! & ces mots rouloient comme un tonnerre dans la maiſon. Un domeſtique vient à moi ; il ne peut parler : j'arrangeois la coëffure de Mademoiſelle Charlotte ; je la quitte & je m'élance à travers la cour : c'étoit une confuſion épouvantable ; on alloit de côté & d'autre ; on ſe pouſſoit ; on crioit ; on pleuroit : j'interrogeois ; perſonne ne pouvoit me répondre. Je trouve un vieux domeſtique qui étoit renverſé par terre & qui s'arrachoit les cheveux ; je lui parle ; il me montre l'Égliſe ; je cours ; je me jette au milieu de la foule qui aſſiégeoit la porte ; j'arrive juſqu'à l'autel.... O Monſieur ! ô mon maître ! quel objet ! je vois ma maîtreſſe ; je la vois étendue ſur le marche-pied de l'autel, la tête appuyée ſur les genoux de M. Faldoni qui étoit couché ſur le côté, & enveloppé dans un manteau. Chacun d'eux avoit un piſtolet attaché au poignet du bras droit par un nœud de ruban : ils étoient ſans doute convenus d'un ſignal pour tirer les deux coups au même inſtant. Mademoiſelle avoit l'épaule caſſée, & reſpiroit encore. M. Faldoni avoit le cœur percé. Comme j'entrois, Mademoiſelle Charlotte accourt ; on veut l'écarter : mais elle ſe débat avec violence & arrive juſqu'auprès de ſa ſœur. Ah ! ſi vous l'aviez vue ! si vous aviez vu cette pauvre enfant ! elle a ouvert les bras, & elle est tombée sans mouvement sur le corps de Mademoiselle. On s'est empressé de la secourir : quand elle a repris ses sens elle a jetté des clameurs épouvantables ; elle crioit, on a tué ma sœur ! on a tué ma sœur ! elle colloit sa bouche sur la sienne, & elle versoit un déluge de larmes. On a voulu l'éloigner de ce corps sanglant ; il a été impossible de l'en arracher ; elle l'avoit entrelacé dans ses bras ; elle nous repoussoit avec ses pieds, & disoit qu'elle vouloit mourir avec sa sœur. Ma maîtresse donnoit quelques signes de vie : le Chirurgien est accouru ; mais ses soins ont été vains : elle a entr'ouvert les yeux ; on voyoit qu'elle s'efforçoit de parler ; elle a même soulevé une main qu'elle a laissé retomber sur le champ : il lui est échappé un foible murmure, & elle a rendu le dernier soupir sur les lèvres de sa sœur. On ne pouvoit parvenir à repousser la foule ; elle grossissoit à tout moment. Un jeune homme a pénétré jusqu'à nous : c'étoit celui que ma maîtresse avoit marié vers la fin de l'été : il s'est mis à genoux devant elle, a baisé une de ses mains, l'a portée contre son cœur, & s'est retiré en sanglottant. Nous étions dans le plus grand embarras, quand M. le Chevalier est arrivé : il a fait sortir tout le monde & fermer la Chapelle. Un domeſtique a mis des chevaux à une chaiſe, & eſt allé chercher M. le Curé. Mon dieu ! que va-t-il dire quand il ſaura la mort de ſa filleule ! c'eſt une déſolation ! par-tout on n'entend que des ſanglots : tous ces payſans dont elle ſoulageoit la miſere, viennent ſe mettre à genoux à la porte de l'Égliſe, & ils pleurent en levant leurs mains vers le ciel. Les meres, les enfans, les vieillards, tout eſt proſterné : la cour paroît comme un temple : jamais je n'ai rien vu de plus touchant.

Le lundi.

M. le Curé eſt arrivé hier au ſoir ; il a beaucoup pleuré : il dit que ce coup le fera mourir : il ne cesse d'appeller ses enfans : il a passé la nuit auprès d'eux à prier & à gémir. Ils sont exposés dans la salle basse : M. le Curé voudroit qu'ils fussent mis dans le même cercueil ; mais M. le Chevalier n'y consent pas. La foule est toujours la même ; on entre dans la salle par une porte, & on sort par une autre. Il n'a pas été possible de refuser cette grace à tant de pauvres gens qui ne vouloient que voir un instant leur bienfaitrice. Nous sommes tous plongés dans la douleur. Mademoiselle Charlotte est au lit avec une fiévre ardente. M. le Curé a de la peine à se soutenir ; il répete toujours qu'il ne vivra pas long-temps ; il eſt aſſis auprès des deux corps qui ſont ſur un lit élevé : on leur a laiſſé leurs habits. Il regne dans la maiſon un ſilence morne : on n'entend que le ſifflement du vent qui court dans toutes les chambres. On diroit que la mort a traverſé les appartemens ; c'eſt une ſolitude affreuſe ; hors la ſalle baſſe où il y a une circulation de monde perpétuelle, tout eſt déſert. On n'a point dîné ; perſonne n'y ſongeoit.

Le ſoir.

Il eſt venu de l'Officialité une défenſe de les inhumer en terre ſainte : on murmure beaucoup de cet excès de rigueur. Ils feront portés dans un bois de ſaules qui eſt à une demi-lieue d'ici.... je viens de rendre les derniers devoirs à ma maîtreſſe. O Dieu ! ayez pitié d'elle ! j'ai pleuré en la couvrant de ſon linceuil, & le cœur m'a manqué. Si douce, ſi charmante, & dans la fraîcheur de la jeuneſſe ! ſes traits étoient encore beaux, malgré la mort violente qu'elle avoit ſoufferte. Sa joue s'étoit poſée ſur mon épaule, & avoit un peu de couleur. J'ai oſé la baiſer, & je lui ai dit adieu avec un ſerrement inexprimable. M. le Chevalier, en la voyant ſur ſon lit, fondoit en larmes : il diſoit qu'il ſe rappelleroit éternellement l'union de leur enfance & leurs premieres tendreſſes. Il a coupé une boucle de ſes cheveux, &

s'eſt retiré pour donner un libre cours à ſa douleur.... Hélas ! voilà qui eſt fini ! nous ne la verrons plus ! ſa nourrice eſt ici ; elle crie : moi qui l'ai vu naître ! qui l'ai nourrie de mon lait ! & elle ſe frappe le ſein ; ſa douleur arrache des larmes à tous ceux qui la voyent.

Mardi matin.

Le château eſt déſert ; il n'y a plus ici que les femmes. Nous nous ſommes renfermées pour pleurer ; j'ai les yeux inondés : vous le verrez par l'état de ce papier. Quand on a été ſur le point d'enlever les corps, M. le Curé s'eſt approché ; pluſieurs Gentilshommes du voiſinage attirés

rés par le bruit de notre malheur, & des payſans de tous les villages voiſins, rempliſſoient la ſalle & les avenues. On a ſuſpendu les plaintes pour écouter le vénérable Paſteur qui a commencé d'élever ſa voix. Il a dit en parlant de ſon ami, qu'il avoit mérité l'amour de ſa compagne, & forcé l'eſtime de ceux même qui ne pouvoient l'aimer : il s'eſt étendu avec un plaiſir douloureux ſur l'éloge de ſa pupille, & il a fait paſſer dans tous les cœurs l'admiration dont il étoit plein. Il a rappellé la douceur de ſon eſprit, ſa généroſité, ſa candeur, ſa piété ſublime, ſa paſſion pour la vertu qui lui avoit fait ſacrifier ſon bonheur à ſes principes. Il a juſtifié ſon penchant pour M. Faldoni, en diſant qu'elle y avoit été autoriſée par ſa mere : il a nettement ajouté que l'hymen auquel on l'avoit voulu forcer, n'étoit point fait pour elle, & qu'un jour peut-être ſa famille en feroit convaincue. Vers la fin de ſon diſcours, ſa voix s'eſt animée ; ſes larmes tomboient ; il appelloit ſa fille avec l'accent de la douleur ; il lui reprochoit tendrement de l'avoir laiſſé ſeul, & poſant la main ſur ſon cercueil, il s'eſt écrié : vous avez vu cette fille du ciel, cet ange ſur la terre : vous l'avez vu répandre ſes bienfaits. Qui de vous en fut jamais rebuté ? Qui de vous eut à s'en plaindre ? S'il en eſt un ſeul, qu'il ſe leve & qu'il parle ! Il s'eſt fait un mouvement dans tout l'auditoire : on crioit, perſonne, perſonne ! Il a pourſuivi : n'avez-vous pas tous éprouvé ſes bontés, vous, vieillards, femmes, enfans, pauvres, infirmes, affligés ? Répondez-moi : ne vous a-t-elle pas nourris, conſolés, ſecourus ?.... Oui, oui ! crioient toutes les voix. — Eh bien ! mêlez vos larmes aux nôtres ; uniſſons nos douleurs ; conjurons la ſuprême bonté de pardonner à ces deux victimes un moment d'erreur, en faveur d'une vie entiere conſacrée par la vertu. A ces mots, il s'eſt proſterné, & tout le monde l'imitant, il a commencé les prieres des morts : on n'entendoit plus que des gémiſſe.

mens au milieu de ce chant lugubre : il sembloit que chacun eût perdu sa sœur ou son frere. Quand le convoi s'est mis en marche au son des cloches de la paroisse, & que le char funèbre a retenti sur le pavé de la cour, une voix plaintive est partie des fenêtres du château : c'étoit Mademoiselle Charlotte qui avoit sollicité la grace de voir sa sœur pour la derniere fois ; elle lui tendoit les bras : on l'a promptement reportée dans son lit. Ces deux cercueils entourés de flambeaux, ce vénérable Prêtre qui a voulu les suivre à pied & qui se traînoit à peine sur son bâton, ce cortége en deuil & tout ce peuple qui gémissoit, formoient la ſcène la plus triſte. On eſt arrivé à minuit dans le bois des ſaules : nous pouvions l'appercevoir aiſément de nos fenêtres, à la faveur de ce groupe de lumieres qui, dans l'éloignement, faiſoit paroître le bois comme enflammé. Les corps ont été placés dans la même foſſe, & M. le Curé l'a bénie ſans s'arrêter aux défenſes de M. le Promoteur.

Voilà le récit fidele de ce qui s'eſt paſſé ici depuis deux jours : toute la maiſon a pris le deuil ; mais celui que nous avons dans nos cœurs ſera long-temps porté.

LETTRES POSTHUMES

DE THÉRESE ET DE FALDONI.

LETTRE LXIV.

FALDONI au CURÉ.

Samedi matin.

COMBIEN je vous ai trompé! qu'il m'en a coûté d'en imposer au meilleur des hommes! Vous m'avez cru paisible : les nuages de mon front vous paroissoient éclaircis, quand je roulois des pensées de mort! je ne vous ai point avoué mon projet : vous l'auriez combattu par des raisons puissantes & par votre éloquence plus forte encore que vos raisons;

vous auriez répandu fur mes derniers inftans le trouble & l'inquiétude ; & moi j'aurois affligé mon ami ; j'aurois vu fa douleur : il vaut mieux fe quitter fans fe dire adieu. C'eft la feule fois où j'ai pu fuir vos regards. Maintenant je dépofe dans votre fein ce fatal aveu, parce que je ne fuis plus ; au moment où vous l'apprenez, je defcends dans la tombe ; fi pourtant les hommes qui ont tourmenté ma vie me laiffent une pierre pour repofer ma tête ! s'ils me la refufent, j'implore votre humanité. Qu'on me jette au fond de quelque folitude abandonnée, loin du fanatique infultant qui fouleroit ma cendre avec dédain, & puiffé-je y repofer auprès de la vertueuſe compagne à qui vous vouliez m'unir ! que nos corps ſoient couverts du même gazon & protégés par le même arbre ! voilà mes vœux ; daignez les remplir ! je n'oſe eſpérer que nous ferons mis dans le même cercueil ; je connois trop la haine de ſa famille : mais ne ſouffrez pas qu'on nous ſépare ! Quand la roſée du ciel tombera ſur nous dans une belle nuit d'été, ô mon ami ! venez reſpirer la fraîcheur de notre aſyle : que vos penſées ſolitaires s'égarent ſur ces heureux temps où nous vivions ſous vos yeux ! qu'alors de pieuſes larmes coulent de vos joues & que vos ſaintes prieres ſollicitent pour vos enfans la bonté du ciel ! Je goûte un plaisir délicieux à songer que je serai pendant toute une éternité auprès de mon amante ! Hélas ! nos bras ne pourront s'étendre pour s'enlâcer ; nos soupirs ne pourront se répondre : mais nous serons ensemble ! J'ai remarqué dans mes promenades un lieu sauvage qui nous convient : il est planté de saules, coupé par des ruisseaux, & entouré de collines qui lui forment un abri. J'ai visité ce désert comme on va voir une terre où l'on doit habiter : il m'a paru propre aux méditations religieuses ; il attirera peut-être des ames sensibles qui viendront y soupirer leurs peines, y pleurer leurs amours, y regretter leurs félicités passées, & l'aspect de nos tombeaux nourrira leur mélancolie. Peut-être, si la pitié nous accorde une pierre rustique & qu'elle y grave notre histoire, on nous plaindra d'avoir aimé.

A midi.

Je viens de revoir ma derniere demeure ; je m'y suis promené long-temps : j'ai choisi l'endroit où je desire d'être placé ; j'en ai même creusé la terre avec un bâton : c'est un ouvrage à moitié fait. Je me trouve à présent dans une disposition assez calme, & je puis raisonner avec vous. En rêvant dans mon bosquet, j'avois rassemblé les argumens les plus victorieux en faveur de mon projet; mais je viens de les oublier;

la mémoire m'échappe : hélas ! j'ai tout perdu ! je n'ai point lu vos ſophiſtes qui ont écrit ſur la mort volontaire : leurs livres ennuient & n'apprennent point à mourir. Ce ſont des ames ſéches qui diſſertent froidement ſur un mouvement de déſeſpoir : d'ailleurs, toutes ces philoſophies, comme dit une femme d'eſprit, ne ſont bonnes que quand on n'en a que faire. Je me borne à penſer que Dieu eſt clément, & que mon ame eſt immortelle ; voilà tout ce qu'il m'importoit de ſavoir. Je ne cherche point ſi j'ai le droit de jetter un fardeau quand il me péſe, & ſi ma vie étant à moi, je puis en diſpoſer : à quoi bon ces diſcutions rebattues, dès que je veux cesser de vivre? Mais j'aime à revenir sur la pensée consolante de mon immortalité : j'aime à croire qu'il est un autre monde où le pere inhumain meurtrier de ses enfans subira les suplices de l'enfer, où la douce & timide colombe déchirée par ce vautour, se refugiera dans le sein du pere de la nature & recevra de lui le prix de l'innocence, où deux amans persécutés trouveront un asyle contre les loix féroces & les vils préjugés des hommes. O mon ami! qu'il en coûte peu de quitter la vie quand on songe à l'éternité! Je ne conçois pas ces philosophes qui s'attachent à détruire la plus chere espérance du malheureux, en lui présentant pour l'unique terme de ses maux, l'anéantissement ! C'est un système cruel & destructeur de toute félicité. Le premier qui l'imagina dut reculer d'effroi : le premier qui le publia dut faire crier au blasphême. Cependant une opinion qui favorisoit les passions désordonnées, qui sappoit toute vertu, qui n'offroit après cette vie ni châtiment ni tribunal à craindre, une telle opinion, je le conçois, pouvoit avoir des prosélytes. Alors le meurtrier sanglant s'est assis tranquillement sur le tombeau d'un ami qu'il avoit poignardé ; & il a dit, je mourrai tout entier. Alors le vil corrupteur sortant des bras d'une fille séduite qu'il dévouoit aux larmes, a bravé les remords, & le criminel obſcur qui échappoit à la vigilance des loix a marché le front levé. Mais pour cette claſſe d'hommes qui ont beſoin du néant, combien en eſt-il à qui une autre vie eſt néceſſaire, & quel eſt donc le projet de ces impitoyables raiſonneurs qui viennent murmurer à l'oreille de l'honnête homme infortuné : vous voyez le vice triomphant & la vertu ſouffrante ; vous en concluez qu'il eſt pour l'un & pour l'autre une juſtice diſtributive réſervée après la mort : c'eſt une erreur de ſentiment que la réflexion détruit ; c'eſt un préjugé né de l'orgueil humain qui croit la Divinité aſſez occupée de cette petite portion des mondes, pour punir ou récompenſer les atômes qui l'habitent d'avoir bien ou mal obſervé leurs loix. Les barbares ! en prétendant ſoulager nos maux, ils y mettent le comble : ils nous ôtent le ſeul bien qui nous conſoloit de la privation de tous les autres. Les hommes ne ſont-ils pas aſſez malheureux, & faut-il augmenter leur miſere en dégradant leur condition? Que deviendroit l'équité du Créateur? Que deviendroit cette providence qui ſe manifeſte à toute la nature ? Quoi ! l'eſprit & le corps ne ſeroient que la même matiere différemment modifiée ! Il n'y auroit dans l'univers qu'une ſeule ſubſtance, & mon être feroit le même individu qui existe à mille lieues de moi ! Quoi ! vous convenez que je penfe & vous me refufez la faculté de penfer ! La caufe de mes idées, dites-vous, n'eſt que l'impreſſion des objets fur mes organes ! hommes en délire ! portez loin de moi vos rêves téméraires ! j'approfondis ma penfée ; je la compare avec l'objet ; je doute ; je me détermine ; je choifis : toutes ces opérations ne peuvent convenir qu'à un être fimple & fans étendue. Pourriez-vous partager une réflexion, divifer un acte de jugement ou de volonté, concevoir fous l'idée de l'étendue & du mouvement, l'ordre, la vertu, les qualités morales, les attributs métaphisiques ? Il est donc évident que les facultés de l'esprit n'appartiennent pas à la matiere.

Mais pourquoi m'arrêter à combattre une chimere ? L'esprit éprouve à la fois des impressions diverses ; il les distingue, les compare & les juge : il s'élance au milieu des idées abstraites, universelles, métaphisiques ; il connoit le passé, prévoit l'avenir, rapproche les temps, mesure les distances, voyage dans l'infini & porte dans le vaste champ des vérités, le flambeau de l'analyse. Quel flux de contrariétés l'agite ! il veut ; il ne veut pas ; il loue dans un moment ce qu'il blâme dans un autre ; il est tantôt gai, tantôt trifte ; il paffe fubitement de la crainte à l'efpoir, de l'amour à la haine, & de la tranquille modération aux excès de la colere : l'harmonie l'enchante ; l'éloquence le perfuade & l'entraîne ; la magie des arts le féduit ; le récit des vertus l'enflamme ; la beauté embellie par une ame fenfible eft pour lui l'image de la divinité. Cette ardeur de connoître & de jouir, ces élans impétueux vers la félicité fuprême, indépendans d'une volonté paffagere, cet affemblage étonnant de grandeur & de baffeffe, de foibleffe & de force, de vice & de vertu qui compofe l'élément de notre ame, ce combat perpétuel entre les fens qui nous font péfer vers la terre, & la raiſon qui nous éleve au-deſſus de nous-mêmes, cet être double qui nous conſtitue, toutes ces preuves éclatantes ſe réuniſſent, comme dans un foyer lumineux, pour me convaincre qu'une matiere aveugle & ſourde n'eſt pas le principe qui nous anime.

Me voilà donc aſſuré de la ſpiritualité de mon ame : je ſais auſſi qu'un eſprit n'eſt ſuſceptible ni d'accroiſſement, ni d'altération du partie, ni de diſſolution : ainſi j'ai fait un grand pas vers la connoiſſance de ſon immortalité. C'eſt ici que la main de Dieu baiſſe un rideau ſur la nature ; c'eſt ici qu'il me dit comme à l'océan qui couvre ſes rivages ; tu n'iras pas plus loin. Mais qu'ai-je besoin de franchir les limites de ma raison? Le dogme d'une autre vie a existé chez tous les peuples de la terre; toutes les bouches l'ont publié; tous les cultes l'ont admis; l'antiquité en faisoit l'objet de ses mysteres, de ses symboles, & de ses fêtes religieuses : les images d'Isis, de Cérès & d'Adonis n'étoient qu'une représentation de la vie future, & leurs cérémonies se rapportoient à la résurrection des êtres.

Cette voix qui s'éleve de tous les coins de l'univers est celle de la conscience : elle crie à tous les hommes qu'étrangers dans ce lieu de passage, ils sont créés pour une fin plus noble & pour un autre séjour : elle dit au malheureux, attends & tu seras consolé ; au criminel, frémis, car tu vivras ; à l'homme de bien, ta récompense est prête. Voix divine ! oracle sacré ! comment ne te croirois-je pas ? tu ne m'as jamais trompé ! quand l'erreur m'a séduit, quand la foiblesse humaine m'entraînoit vers le vice, tu tonnois dans mon sein ; tu m'accusois ; j'entendois tes accens terribles prononcer ma sentence : quand je sortois de mon abjection & que je renaissois au plaisir de faire le bien, tu m'approuvois ; tu me rendois content de moi-même : maintenant tu me déclares que je suis immortel, & je le crois.

Si quelque doute entroit dans mon cœur, je me prosternerois aux pieds du souverain Maître ; je lui dirois : pere de la nature ! je sais que tu peux détruire ton ouvrage & que toi seul domines au-dessus des siecles. Cette multitude d'instans fugitifs que nous appellons le temps, n'est qu'un point de ta durée : l'univers se perd dans ton immensité, & les atômes dispersés comme des grains de sable sur cet amas de boue, n'ont pas le droit de prétendre aux brillans attributs de ton essence : mais sous l'empire d'un Dieu juste & bon, mon ame se révolte contre la pensée du néant. J'ai vu les institutions humaines détruire l'harmonie des êtres, altérer les idées primitives de la morale, & remplacer par des loix arbitraires les saintes loix de la raison ; j'ai vu l'infortuné courbé sous le fardeau des besoins, élever ses mains vers le ciel pour réclamer l'héritage qui appartient à tous les enfans de la femme, & que les riches de la terre ont usurpé ; j'ai vu les succès du crime & les souffrances de la vertu : si tout devoit mourir avec nous, où seroit l'économie de ta providence & la distribution de ta justice ? Cependant quelque soit mon sort, ô suprême Ordonnateur des mondes ! je ne demande point à pénétrer tes voies augustes ; je m'humilie devant ton trône, & ma confiance dans tes décrets eſt ſans meſure comme leur équité. Si de nouvelles clartés avoient pu m'aider à perfectionner ma raiſon, ſi j'avois pu devenir plus vertueux en étant plus inſtruit, tu ne m'aurois point caché ce qui pouvoit me rendre meilleur : mais dans le crépuſcule de cette vie, ne m'as-tu pas donné la portion de lumiere qui ſuffiſoit pour me conduire ? Peut-être as-tu voulu confondre l'orgueil de l'homme, quand tu l'environnas de myſteres, quand tu fis de ſa propre nature un problême inexplicable. Juſqu'où l'a porté le deſir curieux de ſe connoître ! Que de rêveries ſont nées dans le cerveau des Sophiſtes ! Que de temps ils ont perdu à pourſuivre

pourſuivre leurs chimeres ! que de bien ils auroient pu faire, tandis qu'ils ſe dévouoient à de vaines études ! j'ai fermé leurs livres qui m'égaroient, & j'ai médité ſur le livre du monde, où j'apprenois à ſentir le prix de tes bienfaits. Maintenant je retourne à toi, & mes jours n'auront pas été perdus ſi j'ai laiſſé quelques traces de vertu ſur la terre.

O mon ami ! que de plaiſirs découlent pour moi de la conviction de mon immortalité ! Comme je me ſouris avec orgueil ! comme je ſuis fier de moimême ! A peine mes pieds touchent la terre : je crois avoir des aîles ; je ſuis prêt à m'élancer : je foule avec dédain cette argile qui n'a plus rien de commun avec moi : je regarde le ciel avec attendrissement, comme un lieu de délices que je vais occuper. Pourquoi me seroit-il fermé ? L'amour vertueux doit trouver grace aux yeux du conservateur de l'univers : il mit en nous le germe des penchans honnêtes & ne punit que l'abus de ses bienfaits. Si je quitte la terre, ce n'est pas pour fuir ses regards que je n'ai jamais craints ; c'est pour échapper au malheur qui m'accable ; c'est pour aller dans son sein, réclamer la compagne qu'il m'a donnée, & que les hommes me refusent : & pourquoi, dans ces heureuses contrées, n'aurions-nous pas l'espoir de nous réunir ? Il seroit affligeant de ſuppoſer que la mort rompra tous les nœuds qui nous attachoient à nos amis, & que ces objets ſi chers ſeront pour nous comme s'ils n'étoient plus. Avois-je beſoin de voir mon amante pour la diſtinguer dans un cercle? Un mouvement ſecret, un treſſaillement involontaire ne m'annonçoit-il pas ſa préſence ? & quand je l'attendois, n'avois-je pas de ſourds preſſentimens de ſon approche ? Oui, cet inſtinct céleſte indépendant de nos organes, eſt une modification eſſentielle à notre ame, & nous ne devons jamais le perdre. Oui, je me flatte, j'eſpere que le même attrait qui rapprocha dans ce monde deux ames ſenſibles pourra ſurvivre à la deſtruction de la matiere & ſe conſerver en elles comme la flamme élémentaire dont elles furent pénétrées. J'oſe préſumer que ſous les yeux du Bienfaiteur ſuprême, les nobles ſentimens qui nous animoient dans cette vie terreſtre pourront encore ſe reproduire, & c'eſt alors que dégagés de nos viles paſſions, ils brilleront de toute leur beauté originelle, tels qu'ils étoient émanés du ſein de leur auteur.

A neuf heures.

Quelle nuit terrible ! tous les vents ſont déchaînés ! l'obſcurité, la pluie, la grêle, une inondation générale font de la nature une ſcène d'horreur ! Je viens de ſortir pour jouir de ma derniere ſoirée. J'errois ſur les bruyeres & dans les ruiſſeaux gonflés par le déluge qui tomboit du ciel ; je reſpirois l'orage ; j'élevois mes bras, & je criois : vents ! tempête ! ouragan ! tonnez ſur moi ! Je n'ai plus rien à perdre. Des fantômes paroiſſoient marcher ſur la plaine ; je diſtinguois les ombres de Louiſe, de Suſanne & de ſon pere ; elles ſembloient monter ſur les météores enflammés, & mêler leurs voix au ſifflement des vents. Je courois vers ces eſprits ténébreux ; je brûlois de me perdre avec eux dans le cahos des élémens. Mon chien hurloit en me ſuivant. Cher & fidele compagnon de tous mes pas ! bientôt tu chercheras ton maître, & tu ne le verras plus. Peut-être l'amitié te conduira sur mon tombeau : tu fouilleras la terre où je dormirai : tes larmes couleront & tu frapperas le vallon de tes cris plaintifs.

La tempête redouble ! le ciel est comme une mer en fureur. J'entends le bruit des arbres fracassés & le mugissement lugubre qui sort des montagnes. Quelques étoiles brillent dans l'obscurité des nuées & s'éteignent subitement. Hélas ! la nature se couvre de deuil pour le départ de deux de ses enfans ! La voilà cette lune que j'ai tant aimée ! sa lumiere brille sur le château des Ormes, sur cette cage infernale où gémit un cœur aussi navré que le mien...

Elle éclaire maintenant le bosquet dont j'ai pris possession. Adieu, bel astre à qui je devois de si douces promenades ! tu brilleras bientôt sur le gazon de ma tombe.... Je cherche des yeux le berceau de Justine que Thérese a visité, le banc où elle s'est assise.... Tout est caché dans les ténèbres..... Voilà comme je serai demain ; enseveli dans une nuit éternelle, froid, insensible !.... L'univers changera de face ; les empires se renouvelleront ; les années, les siecles passeront sur moi, & je serai toujours là ! les rossignols chanteront à mes côtés dans les nuits de mai ; la fraîche haleine du matin soufflera sur ma couche ; le Printemps fera reverdir les ſaules qui m'ombrageront ; il fleurira juſqu'à l'herbe dont je ſerai couvert, & je reſterai ſeul inanimé !.... O néant ! penſée terrible ! l'eſprit ſe perd dans ton abîme ! il recule épouvanté ! être & n'être plus ! s'engloutir dans le paſſé ! s'évanouir comme les ombres de ces nuages ! s'effacer de la mémoire des hommes comme l'idée fugitive qui ſort de mon cerveau ! Eh bien ! quel malheur de n'être plus rien ſur une terre maudite ? J'y laiſſerai ma dépouille comme en ſe hâtant de fuir un hoſpice incommode on y laiſſe un meuble inutile ; mais mon ame ſera quelque part.... Oui, oui, raſſurons-nous ! Thérèſe & moi, nous allons chercher un meilleur gîte : elle m'attend.... Mais, grand dieu ! si j'allois m'abuser ! si je l'entraînois dans d'éternelles douleurs ! si au lieu de cette félicité que j'espere, je ne trouvois que des tourmens illimités ! Des tourmens ! hommes cruels ! ils n'appartiennent qu'à vous ! Des tourmens ! auprès d'un Dieu de clémence ! comment peut-on associer des choses si contraires ! comment peut-on concevoir l'auteur, l'ami, le consolateur de tous les êtres, affligeant deux innocentes créatures, pour n'avoir pu résister à leur misere ! Ah ! si lui-même a paru succomber sous le poids des souffrances de l'humanité, s'il a repoussé loin de lui le calice de la douleur, eſt-ce à de foibles mortels qu'il eſt poſſible de le boire tout entier, & n'ont-ils pas le droit de quitter furtivement le banquet de la vie quand tous ſes mets leur ſont amers? Il eſt vrai que ſi j'avois pu former des nœuds chéris, ils m'auroient fait aimer l'exiſtence : mais ces hommes que vous appellez mes ſemblables, je m'en ſuis vu repouſſé, mépriſé, couvert d'opprobre ; & vous voulez que je les ſupporte, moi, vil rebut de ce vil troupeau! Non, mon ami! non! plus de commerce avec eux! nous ne pouvons reſter ſur la même terre ; & puiſqu'ils y ſont, il faut que je parte.

Dimanche, à ſix heures du matin.

Je ſors d'un repos frais & tranquille : en m'éveillant j'ouvre ma fenêtre pour voir le ciel : quelle ſérénité ! comme il eſt pur ! l'orage s'eſt diſſipé ; mais mon cœur eſt encore le même ! Je vois paroître l'étoile du matin : elle va me guider vers un rendez-vous, hélas ! bien différent de ceux où tant de fois elle m'a conduit.... Mon chien me careſſe.... pauvre animal ! je le baiſe, & je pleure... Ami ! je vous le laiſſe ! il vous rappellera le ſouvenir de ſon maître.... Mais le chant du coq ſe fait entendre ; les travaux des hommes recommencent.... & les miens vont finir ! Allons ! préparons ces inſtrumens de mort qui doivent nous faire paſſer dans un meilleur monde ! O Dieu que j'invoque en tremblant ! Puiſſance inconnue & terrible ! je me proſterne devant toi ; entends ma derniere priere ! je ne ſuis pas un méchant ; ma main n'eſt pas ſouillée de crimes : cependant, ſur le point de paroître à tes yeux, je frémis ! ſerois-tu un Dieu de vengeance, comme ces impoſteurs me le diſent ? aurois-tu des ſupplices pour un infortuné qui ſort de la vie ſans y avoir connu le bonheur ? Près de me jetter dans l'abîme effrayant de l'éternité, je t'appelle à mon ſecours : mais ce n'eſt pas pour moi que je t'implore ; c'eſt pour une douce &

vertueuſe compagne dont la ſeule faute eſt de m'avoir aimé. Ne la punis pas de ſon amour, & ſi c'eſt un crime d'avoir prévenu le moment de revoler vers toi, que le châtiment ne tombe que ſur ma tête!.... l'heure ſonne.... allons! c'eſt trop tarder..... viens ſur mon cœur, cher & précieux ruban qui couvrois un ſein pur & virginal! gage adoré que j'ai mille fois preſſé de mes lèvres! tu me ſuivras dans le tombeau. Adieu! généreux ami! adieu, mon protecteur! j'emporte avec moi le ſentiment de vos bienfaits, & je ne regrette que vous ſeul au monde! Adieu, ma chere cabane où j'ai paſſé des jours ſi doux! adieu campagnes que Théreſe embelliſſoit ! adieu ciel & terre ! boſquets où j'allois rêver ! beau vallon, & toi fleuve dont les rives m'ont reçu tant de fois ! adieu.... votre ami ne vous verra plus.

LETTRE LXV.

Thérese à son Pere.

Monsieur,

Je vais vous faire entendre un langage que jamais aucune fille peut-être n'osa tenir à son pere : mais je suis hors de toute regle, & mon infortune est sans exemple. C'est de la région des morts que je vous parle : quand vous lirez cette lettre j'aurai repris mes droits ; jene serai plus votre fille ; je ne serai plus rien.... Homme inexorable.... mais pardon ! Monsieur ! je me souviens encore que vous avez été mon pere, & je vous supplie de m'écouter ! Vous ne m'avez jamais aimée ; je le dis avec une amertume affreuſe, & quand je repaſſe ſur toute ma vie, je ne puis concevoir le motif de votre haine contre une enfant qui ne demandoit qu'à vous chérir & qui faiſoit tout pour mériter votre amour. Avec quelle dureté vous me teniez éloignée de vous ! Je ne pouvois vous voir que rarement, & les jours où j'échappois de mon couvent pour jouir des embraſſemens paternels étoient des jours de grace. Votre ſévérité ne vous quittoit pas même dans ces douces étreintes où je portois toute la tendreſſe filiale & l'extrême deſir de vous plaire. Vous ne receviez mes careſſes qu'avec peine, & je ſortois de vos bras en verſant des larmes de douleur, comme d'autres filles quittent le ſein d'un pere avec des émotions délicieuſes & des larmes de volupté. Peut-être que mon eſprit frappé de l'idée de votre antipathie me rendoit plus ſenſible la froideur de cet accueil; mais j'en étois navrée. Lorſqu'enfin ſortie du cloître où vous m'aviez retenue depuis mon enfance, j'ai goûté la douceur de vivre ſous les yeux de mes parens, vos rigueurs ſe ſont accrues. Vous ne me parliez plus ; vous me regardiez rarement, & vos yeux n'avoient point cette bonté que je leur déſirois. Vous n'étiez occupé que de mon frere ; vous en faiſiez l'objet de vos affections, de vos discours, de vos projets, de vos soins, de vos démarches : quoiqu'absent, il remplissoit la maison paternelle de son influence, & j'étois oubliée : je puis attester le ciel que je n'ai jamais été jalouse des préférences que vous accordiez à mon frere. Hélas ! j'avois si peu d'ambition, qu'un seul de vos regards plus doux que de coutume remplissoit de joie toute ma journée. J'étois heureuse quand vous m'aviez dit un mot, quand vous m'aviez souri, & je me félicitois de cette jouissance. O Monsieur ! si vous saviez combien vous auriez embelli mes jours par les moindres faveurs, combien il vous en eût peu coûté d'être aimé, je dis plus, d'être adoré de votre fille ! J'allois au devant de cette tendresse que je n'ai jamais pu gagner ; je faisois tout pour l'acheter ; si vous m'aviez demandé de mourir, je vous aurois donné ma vie alors aussi facilement que je la quitte, & dans l'instant où en me pressant avec douceur de céder à vos désirs vous me faisiez sentir pour la premiere fois le bonheur d'avoir un pere, une caresse de plus, & je succombois à vos séductions ; je m'abandonnois au sacrifice odieux que vous me demandiez ; je signois mon éternel malheur ! Pourquoi donc m'avez-vous accablée de votre inimitié ? Pourquoi tourmenter une foible victime qui ne pouvoit vous opposer que ses pleurs & ſes prieres ! Avois-je mérité d'être l'objet de vos vengeances ? Étois-je coupable enfin de ne point accepter l'engagement auquel vous vouliez me contraindre ? O Monſieur ! Monſieur ! que de reproches vous avez à vous faire ? Un jour vous ſaurez peut-être quel eſt le mépriſable époux que vous m'aviez choiſi ; vous connoîtrez ſa vie, & vous gémirez, mais trop tard, de vos violences. Je ne vous révele point des turpitudes dont je rougirois de ſouiller ma plume, parce que vous ne les croiriez pas, & qu'il m'eſt déſormais indifférent que vous les appreniez. Mais le temps me juſtifiera, & c'eſt alors que vous ſerez déſeſpéré de m'avoir maudite.... O ciel ! avez-vous pu la prononcer cette horrible malédiction, sans être glacé d'épouvante ? O pere inhumain ! vous en voyez le fruit ! votre misérable enfant est perdue pour cette vie & pour l'autre ; un délire affreux m'a saisie ; je meurs ; je me précipite dans un abîme de maux : mais il n'en est point d'égal à ceux que vous m'avez causés. Adieu, Monsieur ! puissiez-vous être heureux sans trouble & sans remords ! Quand vous vous souviendrez que vous aviez une fille, je doute que votre cœur soit tranquille ! il vous en reste une encore, & c'est pour elle que je vous conjure d'avoir au moins de l'humanité si vous n'avez point d'entrailles ! Je vous conjure à genoux de ne la point faire mourir ! Ne traînez point toute votre famille au tombeau ! Songez que le chagrin a consumé les jours de ma mere.... A ce nom chéri, toutes mes plaies se renouvellent: je me rappelle ses soins, ses bontés, sa constante amitié : elle seule adoucissoit en moi la douleur de n'être pas aimée de mon pere. Combien de fois elle a reçu dans son sein les larmes ameres que vous me faisiez verser ! Elle y mêloit les siennes : elle me consoloit de l'excès de vos rigueurs. Souvenez-vous, Monsieur, de ce jour où vous pûtes vous oublier jusqu'à lever la main sur votre malheureuse fille : ma mere me vit tomber à vos pieds sans connoissance, & cette image lui a toujours été présente. Hélas ! si elle vivoit encore, comment pourrois-je me résoudre à quitter la vie ? Mais elle n'est plus, & je vais l'aller rejoindre. Pour vous, Monsieur, je ne me flatte pas de vous revoir : vous m'avez tant haïe, vous m'avez fait tant de mal, que ma vue vous seroit importune. Si cependant votre cœur alloit changer, si dans un autre monde vous repreniez les sentimens d'un pere, ô ! quelle félicité pour moi ! avec quelle ardeur j'irois me jetter dans vos bras & vous demander le prix de tant d'années de tendresse inutilement écoulées ! Daignez conſentir à m'aimer & tout eſt oublié. Ma mort même, ſi elle peut vous attendrir, aura fait mon bonheur. Songez que j'étois votre enfant, & permettez-moi de vous appeller encore mon pere ! C'eſt la derniere fois qu'un nom ſi doux vient ſur mes lèvres. En liſant cette lettre où mon cœur ſe répand devant vous, laiſſez couler quelques larmes d'amour & de regret ! O mon pere ! exaucez-moi ! je n'implore que vos larmes, & je meurs contente.

LETTRE LXVI.

& derniere.

Thérese à Constance

Il faut nous quitter, ma chere Constance, & nous quitter pour toujours. Je vais passer dans un pays inconnu : je ne sais pas trop où j'irai ; mais peu m'importe. J'irai loin des cruels qui me persécutent : c'est tout ce que je veux. Vous jugez bien que je ne pars point seule ; il est vrai qu'un autre m'accompagne ; il est encore vrai que sans lui la vie, la mort, tout me seroit égal. Ne croyez pas pour cela que vous m'en soyez moins chere. O ma tendre &

fidele amie ! combien je vous regrette ! que de larmes j'ai verfées en fongeant à cette féparation ! Mais on m'a tant fait fouffrir ! j'étois fi laffe de vivre ! il falloit bien mettre fin à toutes ces horreurs. L'auriez-vous cru que cette Thérefe fi foible, fi craintive, oferoit fe porter à cet excès de défefpoir ? Vous ferez épouvantée de l'apprendre, & les circonftances de ma mort vous la rendront plus douloureufe. Hélas ! je prévois vos regrets : nous étions cheres l'une à l'autre : mais ne devions-nous pas nous quitter un jour ? Nos chaînes auroient été plus fortes & nos adieux plus déchirans. Confole-toi, ma douce amie ! va ! je ne t'oublierai point ;

mon ame ſuivra tes pas ; elle ſera ta gardienne aſſidue ; elle détournera de tes jours les dangers qui pourroient les menacer. Au milieu de tes nuits paiſibles, ſouvent je me préſenterai devant toi pour récréer ton ſommeil & te rappeller nos tendreſſes. Comment pourrois-je ceſſer de t'aimer, moi qui reſpirois dans ton cœur, qui pleurois de tes larmes, qui me réjouiſſois de ta joie, qui t'aſſociois à tous mes ſentimens ? Il m'eût été plus doux de t'avoir auprès de moi pour fermer mes yeux, & recevoir mon dernier ſoupir. J'aurois encore vivement ſouhaité d'être enſevelie aux pieds de ma mere : mais tant de bonheur ne m'eſt pas réſervé : il faudra que je meure comme j'ai vécu, dans la douleur & le délaiſſement ! Que le ciel béniſſe ma chere Conſtance, & puiſſent toutes les félicités ſe raſſembler ſur elle ! C'eſt le ſeul vœu qui me reſte à faire, & je m'aſſure qu'il s'accomplira : il faut bien que de temps en temps, la Providence, pour ſe manifeſter, accorde un prix à la vertu. Séche tes pleurs, ma bien aimée ! la vie ne mérite pas qu'on regrette ceux qui l'abandonnent. Qu'aurois-je fait dans le monde, livrée au tourment d'un amour que je ne pouvois dompter ni ſatisfaire, condamnée à paſſer dans les bras du plus odieux des hommes & à lutter contre l'horreur de ſa vue? J'aurois ſuccombé peut-être à la douleur, après deux ou trois ans de tortures : ne vaut-il pas mieux que je meure aujourd'hui ? Si j'osois élever ma voix devant le Créateur, si l'argile osoit murmurer sous la main du Potier, je demanderois à Dieu d'où vient qu'il a répandu sur moi tant d'amertume, d'où vient qu'en ouvrant les yeux à la lumiere, mes larmes ont coulé & ne se sont plus taries ? Dans la distribution des maux & des biens avois-je mérité ce partage inégal? Étois-je plus faite qu'une autre pour être malheureuse? En vérité je serois tentée de croire à la destinée ! Il y a des momens où je me persuade qu'une aveugle fatalité préside à notre sort ! Le ciel m'avoit favorisée de quelques agrémens ; l'éducation y avoit ajouté des talens aimables & d'utiles connoissances : la fortune ne m'avoit rien laissé à désirer : cependant tu vois ce que tout cela est devenu ! j'ai passé mes jours à pleurer, & je finis par rejetter loin de moi cette vie insupportable..... Adieu, mon amie ! on ne doit pas se plaindre quand on va cesser de souffrir ! conserve précieusement tous les gages de ma tendresse ! qu'ils soient pour toi les monumens de l'amitié la plus parfaite ! chéris mon souvenir ; relis souvent mes lettres ; les pleurs qu'elles te feront verser ne seront pas sans un mélange de plaisir : que je sois quelquefois l'objet de tes entretiens : je me flatte que tu ne parleras jamais de ton amie sans une douce émotion. Dis à ta mere que je l'adorois comme la mienne ; conjure-la de ne pas m'ôter son estime ! Si de vils calomniateurs attaquoient ma mémoire, soyez mes protectrices ; élevez la voix pour me défendre : racontez les supplices que j'ai soufferts & les sacrifices que j'ai faits : osez dire hautement ce que ma fierté ne m'a jamais permis de révéler ; quel étoit l'homme auquel j'ai préféré le tombeau : publiez sa vie pour justifier ma mort. On saura qu'il s'étoit réfugié dans les Indes pour se dérober en France au châtiment de ses désordres ;

qu'après avoir épousé dans ces pays lointains une Créole qui lui apportoit une fortune considérable, il a causé sa mort par les procédés les plus barbares ; qu'en ayant eu deux filles, il les a reléguées dans un cloître pour assurer ses biens à un enfant né pendant la vie de sa femme, d'un commerce illégitime ; que ses sœurs sont dans la misere & qu'il a refusé de les voir ; qu'il continue de vivre avec la malheureuse dont il s'est fait suivre, & dont il m'eût rendue l'esclave.... Ma plume s'arrête & se refuse à tracer tant d'infamies ! Vous me demanderez, mon amie, pourquoi je n'en ai pas instruit mon pere ? J'avois cru que sur mes refus constans on ne s'obſtineroit point à me donner ce monſtre, & les choſes ayant été pouſſées au dernier dégré de la violence, j'ai pris le parti d'un ſilence éternel, autant par fierté que par raiſon : peut-être ne m'eût-on pas écoutée ; peut-être eût-on traité d'impoſtures les rapports que j'aurois produits : il falloit en nommer les auteurs, & Dieu même n'eût pas été cru par les tyrans qui avoient juré ma perte. Que faire dans ces extrémités? m'enfuir? me ſauver lâchement? m'expoſer aux regards publics? Je pouvois m'échapper; on m'en offroit les moyens ; on les couvroit d'une ombre de raiſon. Eh ! quel attrait on employoit pour me ſéduire ! Imaginez, Conſtance, qu'on me donnoit l'eſpoir d'être unie à celui que j'aime ! M. de Thémine m'appelloit dans ce lieu de délices dont l'idée me charme encore. Il m'y promettoit un aſyle : je n'avois qu'à faire un pas pour être heureuſe ! Mais conſidérez d'un autre côté qu'il étoit facile au crédit d'une famille irritée d'enſevelir dans les cachots un malheureux étranger qui ne tenoit à perſonne & qui ſeroit diſparu ſans qu'une ſeule voix l'eût réclamé. Fatigué des perſécutions il vouloit mourir. Pouvois-je le laiſſer aller ſeul, moi que la douleur auroit tuée au moment de ſa mort ? O chere couſine ! il eſt donc vrai que les paſſions transforment nos ames, & qu'on ne peut répondre avec l'amour de la vertu, de ne pas succomber au crime!.... au crime! Hélas! seroit-il vrai que je suis coupable?.... Adieu! adieu, ma fidelle amie! priez pour moi la divine Clémence de pardonner à ma foiblesse. C'est pour retourner chez mon pere que je m'en vais; je le verrai; je lui dirai ce que j'ai souffert, & il aura pitié de moi. Il sait qu'avant ce fatal instant, la vertu me fut toujours chere, & que ma vie ne s'est pas écoulée sans quelques bonnes œuvres. Un jour d'erreur ne peut lui faire oublier dix-huit ans d'innocence: malgré la passion qui m'égare, mon cœur est pur, j'ose le dire,

& je ne crains pas de porter à ſon tribunal le compte de mes actions. Il y a huit jours que j'étois encore auſſi contente de moi-même que je le fus jamais. Au milieu de mes ſouffrances, je n'aurois pas changé la paix de mon ame pour la fortune des Rois. Quelle étrange révolution s'eſt faite en moi ! Comment l'ange de lumiere eſt-il tombé dans l'abîme ? Ah ! Conſtance ! tremblez de vous livrer aux ſéductions de l'orgueil ! Le ſentiment intime de notre vertu ne ſert qu'à nous perdre, & le châtiment de cette vaine préſomption eſt dans le prompt renverſement de nos eſpérances. Penſez, ma chere amie, que cette piété dont j'étois armée comme d'une égide impénétrable, ces principes d'une éducation sévere, cette fierté qui me faisoït repousser jusqu'à l'idée d'une foiblesse, rien n'a pu me sauver. Je n'écris point à M. le Curé ; que lui dirois-je? Comment me justifier ? c'est à vous, ma chere cousine, que je laisse le soin de le consoler : faites lui part de ma lettre; assurez-le bien que je conserve en mourant la plus tendre vénération pour sa personne, & la plus vive reconnoissance de ses bontés.

Fin du dernier Tome.

ERRATA.

TOME I.

PAGE 20, lig. 20, je ne fuis, *lisez* je ne suis.

Page 58, lig. 7, tout m'épouvanre, *lisez* tout m'épouvante.

Page 120; lig. 19, j'en sus, *lisez* j'en fus.

Page 199, lig. 10, le brutes, *lisez* les brutes.

TOME II.

Page 259, lig. 14, du partie, *lisez* de parties.

www.ingramcontent.com/pod-product-compliance
Ingram Content Group UK Ltd.
Pitfield, Milton Keynes, MK11 3LW, UK
UKHW020129220726
13923UKWH00001B/81

9 782019 286248